Palabras de luz para seres de luz.

MARY LUZ BERMUDEZ

BALBOA
PRESS
A DIVISION OF HAY HOUSE

Puede hacer pedidos de libros de Balboa Press en librerías o poniéndose en contacto con:

Balboa Press
Una División de Hay House
1663 Liberty Drive
Bloomington, IN 47403
www.balboapress.com
1 (877) 407-4847

Debido a la naturaleza dinámica de Internet, cualquier dirección web o enlace contenido en este libro puede haber cambiado desde su publicación y puede que ya no sea válido. Las opiniones expresadas en esta obra son exclusivamente del autor y no reflejan necesariamente las opiniones del editor quien, por este medio, renuncia a cualquier responsabilidad sobre ellas.

El autor de este libro no ofrece consejos de medicina ni prescribe el uso de técnicas como forma de tratamiento para el bienestar físico, emocional, o para aliviar problemas médicas sin el consejo de un médico, directamente o indirectamente. El intento del autor es solamente para ofrecer información de una manera general para ayudarle en la búsqueda de un bienestar emocional y spiritual. En caso de usar esta información en este libro, que es su derecho constitucional, el autor y el publicador no asumen ninguna responsabilidad por sus acciones.

ISBN: 978-1-5043-3302-3 (tapa blanda)
ISBN: 978-1-5043-3303-0 (libro electrónico)

Las personas que aparecen en las imágenes de archivo proporcionadas por Thinkstock son modelos. Este tipo de imágenes se utilizan únicamente con fines ilustrativos. Ciertas imágenes de archivo © Thinkstock.

Información sobre impresión disponible en la última página.

Fecha de revisión de Balboa Press: 06/29/2015

DEDICATORIA

Este libro está dedicado a todos los seres de luz que viven en la Tierra.

Nunca dudes del poder de la palabra, pues la palabra tiene el poder de construir o de destruir !

Usa este libro cada vez que necesites una palabra que te de luz, cuando el camino aparentemente se oscurece o simplemente cuando necesites elevar tu espíritu, jamás olvides que tu eres luz y por lo tanto la luz ya vive en ti.

Solo toma el libro, cierra los ojos, concéntrate en un mensaje que quieras recibir y abre el libro, la primera frase que vean tus ojos es para ti.

Amor y Luz

Mary Luz

INTRODUCCIÓN

El objetivo de este libro es ofrecerte palabras que te ayuden a reconocer la fortaleza que vive en ti y te brinde inspiración para seguir adelante en momentos de adversidad, o simplemente descubras otra perspectiva de la vida.

Si crees en la reencarnación tu conocimiento al respecto incrementara y si no crees te invitara a recordar que eres un alma inmortal, pero además te invitara a salir de tu zona de confort.

El estado de comodidad es una zona plana llena de limitaciones, donde prospera la semilla del conformismo y del no crecimiento, si quieres crecer te debes esforzar.

Si tuviera que clasificar este libro en alguna categoría o género literario, tal vez tendría que inventar una nueva, la llamaría... la categoría del libro incomodo, ya que este libro no solo te motiva con palabras de aliento para seguir adelante, sino que además te muestra la dura realidad en la que vivimos y es incomodo descubrir toda la oscuridad que hemos creado y que solo incomodándonos podremos encontrar la puerta de salida.

Como bien dijo Buda: la lucha no es entre la luz y la oscuridad, sino entre el conocimiento y la ignorancia, personalmente cada día lucho por ser menos ignorante y cada día me sorprendo mas de mi ignorancia.

No es nada fácil tener el trabajo ingrato, de ser la que muestra una serie de acontecimientos que están ocurriendo a diario a nivel mundial y poner en evidencia como por decisión propia hemos decidido esclavizarnos, permitiendo que otros nos esclavicen, pues en la vida moderna, nos hemos adaptado y acostumbrado a seguir patrones de conducta cómodos, impuestos por otros sin ni siquiera cuestionarnos ni mucho menos resistirnos.

En un mundo donde nos venden todo ya prefabricado, solo seguimos la moda, costumbres, tendencias, modelos ... en fin, un consumismo ciego que nos lleva a crear un gran monstruo de autodestrucción, que enriquece a una pequeña parte y enferma al resto de la población y una vez creada la enfermedad, por supuesto que está listo el que nos vende la cura al mal que nosotros mismos ayudamos a generar, sin ni siquiera estar conscientes de ello.

También nos venden la salvación para llegar a la vida eterna, vivir y "morir" se ha vuelto un negocio, hay que generar consumidores pues mientras los haya el negocio será un éxito.

Pero al final todos esclavos. Esclavo el consumidor y esclavo el que esclaviza, pues los dos son almas que con esta interacción generan un circulo de dolor, que nos llevan a dar vueltas en las ruedas del alma.

Para hacer relaciones publicas difícilmente puedes ser honesto, pues en la vida que llevamos no todo es bello, espero que no tomes algunas de mis palabras como rudas y si te incomodan si te sirve de consuelo, quiero que sepas que no solo son incomodas de leer, sino que además fue incomodo escribirlas, yo también quisiera vivir en un mundo más amoroso, pero hay que ser realistas, vivimos en una sociedad donde los valores sociales se basan en quien tiene más y hay muchas personas que no les importa corromper su alma y lastimar a sus hermanos para conseguir más.

No se trata de clasificar a los humanos en el grupo de los buenos y de los malos, por el contrario mi invitación es para que todos logremos despertar y colaborar con crear un mundo mejor.

Te ofrezco estos pensamientos esperando te ayuden a evaluar tu propia conducta y a descubrir que la sanación y salvación esta en tus manos, que depende de ti y de mi y te decidas a sanar, a descubrir la belleza de la vida y a contribuir con la sanación de la humanidad.

Como lo digo en todos mis libros cada vez que diga la palabra Dios, me estoy refiriendo a cualquiera que sea la idea que tengas de Dios, puede ser como una energía suprema, creador, recurso divino, principio único, tu yo superior, etc. Si no crees en Dios él cree en ti por eso estas aquí.

Amor y Luz

Mary Luz

- ¡Claro que estoy armada! siempre traigo lápiz y papel para expresar mi alma. **Luz**

- Es responsabilidad nuestra saber que en el camino de la vida nos encontramos con espíritus elevados, espíritus en conflicto y espíritus perversos, ámalos a todos con sabiduría. **Luz**

- Hoy es el momento de cambiar, ya no hay espacio para seguir cometiendo los mismos errores. **Luz**

- No te distraigas repitiendo la misma conducta errónea cambia tu perspectiva de la vida, **SANA ! Luz**

- Deja ir, tú eliges sufrir cuando eliges aferrarte a lo que fue y ya no es, o a lo que creíste que seria y nunca fue. **Luz**

- Siempre que te mientan, deja que el que te mintió se responsabilice por haberte mentido y tu responsabilízate por haberle creído. **Luz**

- Lo contario de negro es blanco, de alto es bajo, de grueso es delgado... y lo contario de sabio es necio ! **Luz**

- Tu corazón esta latiendo? respiras? esa es una señal divina que te dice, que aún hay oportunidad de corregir lo que tengas que corregir y aprender cosas nuevas de la vida. **Luz**

- Ama, vibra, experimenta todo lo que te ofrece la vida, pero no te apegues a nada, recuerda que solo vas de paso y que no perteneces aquí. **Luz**

- Nuestros pensamientos y acciones son semillas, son creaciones que tarde o temprano se materializan. **Luz**

- A los que me han dado amor y hecho bien los recuerdo para siempre y a los que me han lastimado los he perdonado y olvidado. **Luz**

- Hay cosas que debes entender para aceptar y hay otras que debes aceptar así no las entiendas. **Luz**

- Las drogas son un acto de escapismo, son la máxima expresión del miedo a la experiencia, miedo a enfrentar. **Luz**

- La única manera de vencer la oscuridad es reconocer la luz que hay en ella. **Los invisibles**

- La oscuridad es solo el ayudante de la luz para que la luz brille mas. **Luz**

- Me han llamado loca por que hablo del mundo invisible y de la inmortalidad del alma; bendita locura ! que me libera y sana y colabora con la liberación y sanación de la raza humana. **Luz**

- Quien se convierte en aliado de quien causo la guerra, pensando que es el camino de la paz, esta vibrando en la misma baja frecuencia de quien causo la guerra. **Luz**

- Si sufres por qué no te entienden, relájate, tal vez tu misión es entender en vez de ser entendido. **Luz**

- Si quieres llegar a la meta, deja de enfocarte en la meta y enfócate en el camino. **Luz**

- Good by comfort zone !
  ¡ I am the one in charge from now on ! **Luz**

- Relajado en tu zona de confort ? ten cuidado con las creaciones que haces en esta zona plana, si no te despiertas a la buena tus creaciones te despertaran a la mala ! **Luz**

- Cuando estés triste por haber actuado mal, recuerda que no puedes encontrar la luz sin haber caminado en la oscuridad. **Luz**

- Como puedo ver que es blanco... si no tengo el contraste de lo negro ? como puedo reconocer la luz... si no he caminado en la oscuridad ? **Luz**

- Para el que cree y el que no cree en la reencarnación, las leyes universales de la reencarnación son las mismas, solo que el que cree se libera del miedo y va un paso adelante. **Luz**

- Creer en el retorno del alma te libera del miedo, "morir" es solo una transición, un hasta luego, un hasta nuestro próximo reencuentro. **Luz**

- Quieres evolucionar? empieza por creer en la inmortalidad del alma. **Luz**

- Jesús ni ningún otro maestro ascendido es una religión, es el no entendimiento humano el que los convierte en religiones. **Los invisibles**

- Los seres humanos entendemos hasta donde podemos entender; también entendemos lo que es, si hasta allí nos llega el entendimiento; pero podemos elegir entender lo que queramos sin usar nuestro entendimiento. **Luz**

- Lo que llaman inexplicable no es que no tenga explicación, es simplemente que no la sabemos. **Luz**

- Algunas veces el silencio logra lo que los oídos necios y sordos niegan a las palabras sabias. **Luz**

- Así como las palabras tienen poder, en ocasiones, el silencio también. **Luz**

- El día que los científicos humanos entiendan que lo que llaman espiritual es ciencia, ese día descubrirán que lo invisible es científico. **Luz**

- Nadie inventa nada, todo son descubrimientos, pues todo ya existe. **Luz**

- No es que lo invisible al ojo humano no exista, es que no hemos activado el ojo con el que lo podemos ver. **Luz**

- **Diferencia entre Psicología y Psiquiatría en estos días:**
- **Psicología:** "Ciencia" que convierte conductas humanas sin explicación en enfermedad.
- **Psiquiatría:** "Ciencia" que convierte conductas humanas sin explicación en enfermedad y destruyen el cuerpo con fármacos para "curar" la enfermedad que crearon. **Luz**

- Sueño con el día que la psicología y la psiquiatría descubran el mundo invisible y en realidad empiecen a hacer ciencia. **Luz**

- La enfermedad mental si existe pero es algo mucho más profundo que no puede ser clasificado, ni dictaminado con el pequeñísimo lente de la ciencia humana. **Luz**

- Mientras se sigan buscando las respuestas de la enfermedad física y mental sin considerar el alma, estaremos perdidos y no encontraremos nada. **Luz**

- Si quieres encontrar respuestas de la conducta humana, no estudies la conducta, ya que la conducta es la consecuencia, estudia el alma. **Luz**

- Las experiencias nos enferman y las experiencias nos sanan, simple sin complicaciones ! **Joel**

- El ser humano es experiencia pura ! **Joel**

- El poder del abusador radica en la falta de amor propio de la "victima" . **Luz**

- **Conciencia** = Saber quiénes somos, de dónde venimos y para donde vamos. **Luz**

- Ahora es el ahora posterior y el ahora anterior. **Los invisibles**

- Somos peldaños de luz. **Joel**

- El conocimiento no es algo que puede ser forzado, solo debes permitir que suceda, ábrete a la luz. **Luz**

- La niñez es un estado de gracia, donde no te preocupas por nada, solo vives y te maravillas con todo. **Luz**

- Los niños no tienen filtros por eso es que la luz pasa con facilidad, pues están recién llegados del mundo del espíritu. **Luz**

- **Magia** = Conocimiento aplicado de las leyes que nos gobiernan. **Luz**

- El conocimiento no es otra cosa que recordar lo que tu alma ya sabe. **Luz**

- Leer un libro lleno de conocimiento y entenderlo, es el reconocimiento de la verdad que ya vive en ti. **Luz**

- La humildad es sabiduría, cuando has visto un sabio hecho diva? **Luz**

- El sabio es sabio, cuando sabe que no sabe nada. **Luz**

- Si buscas la verdad y no la encuentras, entonces deja que ella te encuentre a ti. **Luz**

- Existen donadores de semen a nivel mundial, alguien ha pensado en el incremento de probabilidades de enamorarse de un hermano de sangre en el futuro ? **Luz**

- Y si 2 personas producto de una donación de semen que resultan ser hermanos, sin saber que son hermanos procrean... a que le damos la bienvenida? a nuevas mutaciones genéticas? **Luz**

- El amor no es una palabra, es una acción!!! **Luz**

- Si, me gusta cuando me dices que me amas, pero más me gusta cuando actúas demostrando que me amas. **Luz**

- Si supieras quien eres y el poder que tienes, te arrodillarías antes ti. **Roma Polanska**

- Somos aprendizaje completo y entero, de las situaciones odiosas es de las que uno más aprende y crece. **Joel**

- Las situaciones chocantes en la vida son llamadas de atención, esos eventos en la vida son los que nos hacen reflexionar y si eres listo cambias el rumbo con sabiduría. **Joel**

- Alguien sabe si mi teléfono inteligente tiene una alarma que me indique cuando no actuó con inteligencia? **Luz**

- Entre más trabajo en conocerme a mi misma más sano, y entre más sano, mas puedo colaborar con la sanación de otros. **Luz**

- Los seres humanos aprendemos por repetición, imágenes, sonidos, tacto etc. Pues utilizamos todos nuestros sentidos, cuida con que inundas tus sentidos y los de tus hijos. **Luz**

- La "música" de hoy tiene mensajes tan nefastos y negativos que es un riesgo de contaminación prender la radio. **Luz**

- Mas que maldad, detrás de la mentira hay una mente débil guiada por el miedo. **Luz**

- Profundamente dormidos, estado ideal para propagar la oscuridad y la corrupción del alma a nivel masivo, cuida con que inundas tus sentidos. **Luz**

- Todo es temporal, asegúrate en concentrarte en lo único eterno, el amor ! **Luz**

- Mentes manipuladas por los medios de comunicación con mensajes negativos, ponen en evidencia la no resistencia a la desinformación, esa es la tendencia de la nueva generación. **Luz**

- El problema no es ser ignorante, el problema está, en ser ignorante y creerse sabio. **Luz**

- Hay que amar nuestras desgracias, pues también aprendemos de ellas. **Los invisibles**

- Quieres cerrar la puerta al conocimiento ? asegúrate en creer que sabes. **Luz**

- El escepticismo es una forma de ignorancia. **Luz**

- Cuando te entregas a este mundo material te olvidas de quien eres, todo es prestado, son herramientas para lograr una misión del alma. **Luz**

- He estado donde he tenido que estar, se me ha proveído con lo que he necesitado, mis elecciones me han traído donde estoy. **Luz**

- No es que no seamos perfectos, es que tomamos decisiones que nos hacen lucir imperfectos. **Luz**

- Donde está la alegría esta la luz. **Luz**

- Todo el mundo tiene una mente, pero no todo el mundo la tiene entrenada. **Luz**

- Si un ser humano empieza a amarse a sí mismo, da amor y se siente amado, su adicción desaparecerá. **Luz**

- He caminado muchas veces por esta tierra, por galaxias y dimensiones para llegar a ser lo que soy... y seguiré caminando muchas veces más para seguir siendo... pues **"YO SOY"**. **Luz**

- Somos peldaños de luz, no esperes entendimiento de alguien que aún no puede entender, debes saber que hay niveles de entendimiento. **Luz**

- Al ser seguidora pierdo la enseñanza de quien admiro, pues me habré convertido en alguien que sigue en vez de crear. **Luz**

- La luz vive en el amor, no en el miedo. **Luz**

- Quieres ver a Dios? míralo en cada persona y en lo que te rodea, Dios vive en ti, en mi, en todo y en todos solo tienes que reconocerlo. **Luz**

- El ser humano está hecho de amor, luz y energía y es de la única forma que puede ser entendido. **Roma Polanska**

- Creo en Dios, en el amor, en la energía, en la vibración, creo en mi, creo en ti.... y tú en que crees ? **Luz**

- El día que me convenzan que Dios es miedo, ese día dudare del amor, mientras sepa que Dios es amor ... **"Yo Soy Amor" ! Luz**

- Yo religiosa ? oh no, yo uso la lógica. **Luz**

- Somos peldaños de luz no te mezcles con almas de menor entendimiento, pues el precio a pagar es dolor causado por el alma de menor entendimiento, da amor pero mantén limites saludables y una distancia prudente. **Luz**

- En el mundo cuantitativo en el que vivimos se pretende cuantificar la realidad, ignorando que la realidad no siempre es cuantitativa, también es cualitativa y hay un mundo invisible que no podemos cuantificar. **Luz**

- Lo que llaman imaginación, es una realidad en otra dimensión. **Luz**

- Para mí la psicología es: el estudio del mundo invisible y del alma, muy lejos de lo que me enseñaron que era, me dijeron que era el estudio de la conducta humana. **Luz**

- Se recibe cuando se comparte y se comparte cuando se recibe, este es el circuito perfecto. **Los invisibles**

- El pensamiento es un ser vivo y creador, por lo tanto podemos crear nuestras propias realidades. **Luz**

- Una palabra explica la dualidad de la vida, esta palabra es una llave al entendimiento de la vida... **"equilibrio"**. **Luz**

- La apreciación nace de la necesidad y no de la saciedad. **Luz**

- Hombres de fe, que predican a la humanidad, enseñándoles a creer en lo que no se puede ver, cuestionan la existencia de otro tipo de enseñanzas pidiendo pruebas físicas para poder creer. **Luz**

- Creer en Dios es crearlo y tener la certeza de que somos parte de él. **Luz**

- No hay nada que no se pueda, "todo Se Puede" ! **Joel**

- Si supiéramos que al lastimar a otros nos lastimamos a nosotros mismos, detendríamos este círculo de dolor. **Luz**

- El mejor momento para hacer amigos y reconocer el verdadero amor, es en la adversidad. **Luz**

- Cuando los científicos humanos entiendan que el mundo del espíritu es ciencia, ese día harán verdadera ciencia. **Luz**

- El planeta Tierra es solamente una de las escuelas que nos ayuda a encontrar el camino de vuelta a casa. **Luz**

- La luz y la oscuridad trabajan para el mismo propósito solo que en equipos contrarios, pero no te confundas ! elige sabiamente. **Luz**

- Yo no sé nada que tu no sepas, solo he recordado cosas que tal vez tu no recuerdas. **Luz**

- Vivir en la ignorancia es vivir en la oscuridad. **Luz**

- Somos infinitamente amados, tanto, que nos dejan hacer lo que se nos dé la gana... con sus debidas consecuencias por supuesto, así que elige sabiamente. **Luz**

- Mi cuerpo es mi casa, es donde yo vivo y por eso le proveo lo mejor, le doy descanso, lo mantengo limpio por fuera y por dentro, lo nutro, ejercito y consiento. **Luz**

- No puedes amar a la humanidad con limites, si te limitas no podrás cumplir tu misión, los limites solo los creas tu. **Luz**

- Hay algo peor que la inconsciencia, es tener consciencia y seguir actuando como un inconsciente. **Luz**

- La enfermedad es una creación mental que se manifiesta en el cuerpo físico o en la conducta; esta creación es consecuencia de los andares del alma. **Joel**

- La habilidad que tiene cada alma de asimilación, conciencia y aprendizaje, es el camino más corto a la sanación. **Joel**

- Veo con tristeza como el mundo se pierde en un profundo sueño; pero mi tristeza se convierte en terror cuando veo a los más despiertos, los llamados a ayudar a despertar a la humanidad, dejándose llevar por ese mismo sueño. **Luz**

- Inocentes creaturas que andamos por el mundo sin recordar quienes somos, causando heridas a otros sin saber que al lastimar a otros nos lastimamos a nosotros mismos. **Luz**

- Cuando el camino aparentemente se oscurece, cuando te sientas solo, recuerda que la luz esta allí, que nunca has estado solo y nunca lo estarás, **SANA...**

Siempre
Adelante
Nunca
Atrás

- La sobreprotección de los hijos causa adultos incapacitados mentales. Padres dejen que sus hijos extiendan sus alas para que puedan volar. **Luz**

- Somos aprendizaje completo y entero, de las situaciones odiosas es de lo que uno aprende y crece. **Joel**

- Sexo, drogas, violencia, caos y desamor de eso es de lo que habla la "música" y la TV hoy ! **Luz**

- Mi propuesta es simple, trabajemos juntos por todo y por nada. Todo lo que libere y sane a la humanidad y nada que la enferme y la esclavice. **Luz**

- El día que la humanidad acepte que nuestra alma es inmortal, se acabara el cáncer, el sida, los enfermos mentales, las enfermedades crónicas y/o degenerativas, las enfermedades virulentas y/o contagiosas o cualquier tipo de enfermedad; ya que la gente habrá aceptado la verdad de lo que es, el miedo desaparecerá y la mente habrá entendido que no es necesario crear enfermedad. **Joel**

- Todo lo que ha quedado plasmado con record sobre la Tierra, es porque ha caminado sobre la Tierra. **Ergus**

- La hipnosis te despierta y te ayuda a recordar: quien eres, de dónde vienes, de que estas hecho, a que viniste y para donde vas. **Luz**

- Ir mas allá de lo que pueden percibir los sentidos físicos, es abrir puertas para poder explicar lo que hasta ahora ha sido inexplicable. **Luz**

- Cuando entras en el mundo del espíritu, absolutamente todo tiene sentido. **Luz**

- Todo tiene su precio, nada es gratis, lo que eres y lo que sabes te lo has ganado. **Luz**

- La maravilla de la hipnosis es que cuando trabajas con herramientas del mundo físico siempre habrá un margen de error, pero cuando trabajas con el mundo del espíritu no existe el error, pues la imperfección esta aquí en el mundo físico. **Luz**

- El amor no depende de la belleza física. **Los invisibles**

- Estamos en un universo lleno de energía invisible, que hace posible un infinito de posibilidades y diferentes realidades. **Luz**

- Somos todos una conciencia universal con subconsciencias individuales y la conducta de cada individuo afecta la evolución de un todo. **Luz**

- No importa lo que veas, lo que pases en este cuerpo, tienes un alma invencible, tus experiencias presentes forman tus experiencias o existencias futuras. **Los invisibles**

- Cada persona que pasa te enseña, recuerda que tu alma es invencible, las situaciones adversas son solo de este mundo, recuerda siempre la fortaleza de tu alma. **Los invisibles**

- El conocimiento de las leyes del retorno del alma es lo que hará libre a la humanidad. **Los invisibles**

- La vida está llena de opciones y oportunidades, los logros y éxitos son trabajo de un conjunto de vidas, nunca desesperes ni pierdas la fe. **Los invisibles**

- No tenemos porque celar, ni envidiar las habilidades de otros, todo es a base de trabajo, de dedicación de vida en vida. **Los invisibles**

- La música te conecta con mundos invisibles, abre tus sentidos a un mundo celestial, busca música de calidad. **Luz**

- Los seres humanos requieren de un equilibrio; el abuso de comodidades, alcohol, drogas, inactividad, placeres, tiene un precio que tienes que pagar como todo. **Joel**

- Cuidar el cuerpo no tiene que ver con el cuerpo, sino con amarlo y apreciar lo que se te ha dado. **Joel**

- Los seres humanos somos muy dramáticos, complicamos nuestra existencia sobre analizando y sobre reaccionando a los acontecimientos de la vida. **Luz**

- Cuando tu alma ya ha recorrido bastante camino, ha aprendido muchas lecciones y ha desarrollado virtudes espirituales que se proyectan en amor, entonces llega la monogamia que es señal de evolución. **Luz**

- Dios nos manda en pareja. **Los invisibles**

- El mundo en el que habitamos es un mundo de materia, pero eso no quiere decir que no existan mundos antimateria. **Luz**

- Yo era escéptica, hasta que descubrí que el escepticismo es una forma de ignorancia. **Luz**

- Mi ignorancia es tanta, que solo puedo rendirme humildemente a la luz, para dar paso a entender hoy, más que ayer, con la certeza que hay mucho más que entender mañana. **Luz**

- Hoy soy más sabia que ayer y menos sabia que mañana, pues me permito entender que al aceptar mis errores y corregirlos llega a mí la sabiduría. **Luz**

- Vivimos en un mundo de baja evolución, donde cada día se inventan mas enfermedades para esclavizar mas a la humanidad y poder lucrar ofreciendo la "sanación". **Luz**

- En este mundo el conocimiento se usa por algunas almas no elevadas, para dominar a la humanidad sin saber que lo deben pagar con su alma. **Luz**

- Si trabajas en el área de la salud, en las finanzas, si tienes poder, dinero o fama, asegúrate de ser justo y amoroso con tus hermanos del alma, pues tal vez tu negocio es tan bueno que debas regresar como principal cliente de tu propia empresa y casa. **Luz**

- El entender el retorno del alma es la verdadera sanación. **Joel**

- Solamente la propia alma se cura a sí misma! **Joel**

- El día que la humanidad aprenda a compartir y a vivir en armonía, el aprendizaje y la evolución de nuestra especie se acelerara a una velocidad inimaginada. **Luz**

- Somos lo que hemos sido ! **Joel**

- El camino de la sanación está lleno de espinas, pero a la vez es maravilloso. **Joel**

- Lo que llaman destino, no es otra cosa que el proyecto de vida previamente escrito por las almas antes de reencarnar, pues todo está predestinado. **Luz**

- No tengas miedo de dar amor a personas que son difíciles de amar, pues te los encontraste en el camino para completar tu proceso karmico, las relaciones difíciles son oportunidades de saldar deudas karmicas. **Luz**

- Hay muchas formas de dar amor, algunas veces se da con amabilidad y ternura, otras veces con fuerza, diciendo lo que tienes decir y haciendo lo que tienes que hacer, para dar o aprender una lección. **Luz**

- El privilegio del reencuentro de las almas, es una oportunidad divina para sanar y colaborar con la sanación de otros. **Luz**

- Las almas van en el peldaño de luz donde van, no te desgastes insistiéndoles si no quieren o pueden entender, sus propias creaciones los llevaran a entender. **Luz**

- Los asuntos sin resolver te los vas cargando de vida en vida, hasta que los resuelves logras la sanación. **Luz**

- Nadie nunca te hace nada, nadie te lastima, nadie te roba nada, nadie te quita la vida, somos experiencia pura no hay víctimas. **Joel**

- El que la hace de victimario lleva el doble de dolor que el que se deja victimizar, por medio de esta interacción se aprende la compasión. **Joel**

- Todo es experiencia, todas las almas tienen espinas. **Joel**

- Lo que sucede entre dos almas es matemático, no hay error **" das y pagas". Joel**

- Los humanos están regidos por leyes naturales que influencian la experiencia humana, por lo tanto hay que respetar estas leyes. **Joel**

- Alguien dijo que la belleza esta en el ojo que la mira, pues el conflicto también. **Luz**

- Los prejuicios e ideas preconcebidas enseñadas en la niñez generan taras en la adultez. **Luz**

- Sé agradecido con todos los que te encuentras en el camino de tu vida, pues por dolorosa que haya sido la experiencia, te hicieron el favor de enseñarte algo y si ellos estaban atentos, también aprendieron algo. **Luz**

- Nunca pienses que es la última vez que ves a alguien o a una persona, eso no sucede, eso no existe; desde que tengas pendiente crecimiento espiritual te reencontraras con esa alma. **Joel**

- Los seres humanos buscamos donde no hay y después nos quejamos porque no encontramos. **Luz**

- Ten la valentía de admitir la oscuridad que ves en ti y en otros, pero no olvides que la virtud también existe y decide cual pesa más. **Luz**

- La luz que vive en la oscuridad, algunas veces solo la encuentras, habiendo sufrido la miseria de la oscuridad. **Luz**

- Los medios de comunicación masiva, una herramienta que utilizada con luz contribuiría a la sanación de la humanidad. **Luz**

- Nunca te arrepientas de haber amado así te paguen mal, aunque no lo parezca, tal vez tu decisión de amar te salvo a ti, o a otro. **Luz**

- Y entonces como puedo reconocer el verdadero amor si no es viéndolo renacer después del conflicto ? **Luz**

- Renacer, transformar, transmutar, levantarme de las cenizas y observar... que hay un mundo infinito por hallar. **Luz**

- Deja ir, solo Dios sabe lo que es mejor para ti. **Los invisibles**

- Hay luchas internas, apegos que nos tumban al piso, dolor que nos agobia, pero sobre todo hay luz, que siempre brilla que nos levanta y saca de la oscuridad. **Luz**

- Si te quedas mirando lo físico, te dejas envolver por la ilusión y pierdes la realidad y profundidad de lo que está en el alma. **Luz**

- El papel de víctima y victimario son pactos sagrados que hacen las almas para poder crecer. **Joel**

- Lo que llaman accidentes, no son accidentes, son decisiones y algunas veces las personas toman decisiones que los llevan a terminar con su vida antes de tiempo. **Joel**

- Nunca se dan las cosas con tu capricho humano o a tu gusto, se dan al mejor interés del crecimiento espiritual, del crecimiento de tu alma. **Joel**

- La vida es perfectamente justa, solo que en nuestra inconsciencia no percibimos la perfección del designio divino. **Luz**

- Todo es causa y efecto, todo tiene una razón de ser y una explicación divina, no existen errores ni accidentes, todo el dolor que le causas a un hermano se paga. **Luz**

- Es cuestión de memoria, se recibe la consecuencia aunque se nos haya olvidado cuando generamos la causa. **Luz**

- El karma no es revancha, ni venganza, es simplemente la reacción a una acción, hay que tomar responsabilidad por nuestros actos para el crecimiento de nuestra alma. **Luz**

- La espiritualidad es directamente proporcional al grado de evolución de tu alma, por eso no esperes espiritualidad en la religión. **Luz**

- Todo el dolor y sufrimiento se debe convertir en luz, todo se debe transformar en amor. **Luz**

- Todo lo hemos escogido, creado y causado nosotros mismos en algún punto de nuestra existencia. **Luz**

- Cada pensamiento, palabra, acción e intención, en contra de otro, queda grabado en el record del alma y quedamos endeudados con karma. **Luz**

- Todo el que la hace la paga, en esta vida o en otra, al final no hay escape. **Luz**

- El amor de los unos a los otros es la salvación y donde está la elevación de la raza humana. **Luz**

- Hay seres de luz en el océano, la vida existe sobre este planeta y sobre muchos otros, todo es vida, la muerte no existe. **Joel**

- Buscas la salvación ? encuéntrala en el amor a ti mismo y a tus hermanos no en la religión. **Luz**

- La luz se gana minuto a minuto, segundo a segundo, en el momento en que dejas de ganarte la luz retrocedes. **Joel**

- Seres angustiados buscan la religión como salvación a su alma, sin saber que corren el riesgo de caer en una de las confusiones más grandes de la raza humana. **Luz**

- Prostitutos, alcohólicos, adictos, mentirosos, violadores, asesinos, ladrones, bandidos... almas profundamente amadas por el creador, que han experimentado el dolor de caminar en la oscuridad más baja, buscan angustiosa y desesperadamente la luz en las garras de la religión humana, sin saber que no es la religión la que los salva, sino la corrección de su conducta la que les dará la paz que tanto claman. **Luz**

- La ciencia humana en su bloqueo con la parte espiritual de los humanos y en su afán por demostrar todo a nivel físico, se ha perdido en explicaciones que no explican nada. **Luz**

- Los "problemas" planteados por la ciencia en realidad no son problemas, sino la ignorancia infinita de lo que no entendemos y por consiguiente lo convertimos en un problema. **Luz**

- La medicina se ha corrompido y se ha convertido en la industria del dolor, se crean más enfermedades para asegurar la clientela y sostener estilos de vida a costillas de los enfermos. **Luz**

- Los seres humanos somos mucho más que un pedazo de carne, el universo es mucho más grande de lo que nuestros limitados ojos físicos pueden ver. **Luz**

- Para hacer ciencia se necesita: Conocimiento, desarrollo espiritual, amor a la humanidad, carácter, integridad, humildad, elevación y honestidad. **Luz**

- Con cada experiencia difícil de la vida, deja ir el dolor y quédate con la sabiduría. **Luz**

- La enfermedad no es más, que los deseos reprimidos por la dolorosa caminata de este planeta. **Joel**

- Somos seres con un alma indestructible ! **Los invisibles**

- Indudablemente el apego en cualquiera de sus formas causa dolor. **Luz**

- La ilusión es éste mundo tangible y lo que es real es lo que no vemos. **Ergus**

- Alguien sabe por qué buscan a los atletas en las olimpiadas? yo los veo todos los días cruzando las fronteras, entrenados por el mejor entrenador, la vida. **Luz**

- El poder de la palabra. La mercadotecnia dice: Amo los zapatos, amo los diamantes, amo la carne, amo la moda etc... nosotros no amamos las cosas, nos gustan las cosas, aunque nos hayan vendido la idea de que debemos amar las cosas, lo que verdaderamente nos urge amar es a la humanidad y al planeta. **Luz**

- Los seres humanos sin autismo están en un cuerpo físico en la Tierra y desconectados del mundo mental. Los autistas están en el cuerpo físico en la Tierra, pero conectados con un mundo mental. **Los invisibles**

- Muchos de los autistas no pueden comunicarse, pero si pudieran nos describirían la dimensión en donde viven, pues ellos están en la Tierra no más de cuerpo físico presente. **Los invisibles**

- Los seres humanos sin autismo tienen una vivencia en un cuerpo físico, los autistas tienen una vivencia en un cuerpo mental. **Los invisibles**

- El aborto no es considerado una felonía a nivel espiritual, pues no es posible dañar un alma que no ha bajado, puesto que las almas están en completa luz y bienestar. **Joel**

- Los seres humanos siempre están rodeados de seres de luz, siempre están siendo guiados. **Joel**

- En las relaciones no se retiene el dolor, se deja fluir la energía para que se disuelva el dolor, no se aborrece, no se repele, solamente se ama y se acepta con los ojos abiertos, con la luz del universo. **Joel**

- Ahora si caímos bajo! la grosería, vulgaridad, palabras obscenas, conductas deplorables hechas moda y llamadas arte, esas son las composiciones de lo que hoy en día llaman música. **Luz**

- La belleza y divinidad de la sexualidad humana, vulgarizada en su máxima expresión, eso se ha convertido en música hoy. **Luz**

- Las relaciones positivas de cualquier tipo, la música sin contaminantes, eleva la frecuencia vibratoria de la humanidad. **Joel**

- Todos los seres humanos son pensamiento, energía y creadores. **Joel**

- Hay que amar nuestras desgracias pues de ellas también aprendemos. **Los invisibles**

- Los que no creen en la reencarnación les es mas difícil la transición al "morir", se les hace mas difícil cruzar el umbral de la luz, hay confusión, se victimizan en todos los aspectos de su vida y de su "muerte". **Joel**

- El ser humano debe prepararse, tener conocimiento de que el alma sigue aún después de dejar el cuerpo, de esta forma caminara más fácilmente sin temor. **Joel**

- Hay que empezar a decir la palabra transición en vez de decir que nos vamos a morir, lo que llaman muerte es una transición, la muerte no existe. **Joel**

- Si el ser humano aprendiera conductas de amor hacia el prójimo, el depresivo podría curarse mas fácilmente, ya que su entorno lo podría ayudar a sanar, la vibración de amor de otros los ayudaría a sanar, todos somos **UNO. Joel**

- Digo cosas que muchos no quieren oír, con la certeza que las tengo que decir. **Luz**

- El mundo busca la sanación afuera ignorando que vive dentro. **Luz**

- La fuerza de sanación mas poderosa que existe vive dentro de cada uno, la esencia que todo lo puede, todo lo cambia, todo lo transforma, la fuerza del amor por uno mismo. **Luz**

- La gente da de lo que tiene, si te llenas de mucho amor a ti mismo inevitablemente salpicaras de amor a los demás, pero si te llenas de dolor también los salpicaras. **Luz**

- Mientras la humanidad siga resistiéndose a creer en el retorno del alma, serán tierrita fértil para la avaricia de los que venden la "cura" mental, física y espiritual. **Luz**

- Y si la reencarnación no existe, entonces, cual es la explicación de porque unos nacen ricos y otros pobres, unos saludables y otros enfermos, unos bonitos y otros no tan estéticos, porque la gente nace con diferentes talentos? será que el universo se equivoca o es injusto? **Luz**

- Se te olvido que eres un alma? no te preocupes, la vida se encargara de recordártelo, el sistema de evolución es perfecto. **Luz**

- Si aún en estos tiempos sigues confundiendo a Dios con la religión, revisa la historia de las religiones y encontraras que no tiene nada que ver con Dios. **Luz**

- No hay perfección en este mundo, la perfección solo existe a nivel espiritual. **Luz**

- El supremo no llega a nosotros, nosotros llegamos a él, por medio de la evolución. **Los invisibles**

- La hipnosis de sanación es el conocimiento profundo del ser en un autorretrato. **Joel**

- ADN del alma = energía. **Joel**

- El tiempo es solo un momento eterno. **Joel**

- Si corrompes tu alma por satisfacer el cuerpo y el ego, habrás hecho el peor negocio de tu vida, pues al final descubrirás, que esos placeres no valían su precio. **Luz**

- Estamos rodeados de un mundo invisible tan real o más, que la pequeña realidad visible en la que vivimos. **Luz**

- El mundo siempre espera una solución de parte de los científicos. Por su parte, los científicos humanos siempre dan soluciones basadas en la pequeña realidad del mundo visible, las grandes respuestas están en el mundo invisible. **Luz**

- El día que se inventen una pastilla que cure el alma, ese día los medicamentos psiquiátricos funcionaran. **Luz**

- Muy conveniente para las compañías farmacéuticas que el mundo no sepa del retorno del alma; pues tienen un generoso menú de medicinas psiquiátricas, para lidiar con las enfermedades mentales que nada tienen que ver con el cuerpo físico o la parte orgánica, pues es asunto del alma. **Luz**

- Como no va a haber un montón de locos, niños adolescentes y adultos matando gente en las escuelas, teatros, tiendas etc. si desde niños los están medicando psiquiátricamente. **Luz**

- Cerebros y cuerpos humanos manipulados con químicos que destruyen y/o transforman la química natural del cuerpo, mentes manipuladas convencidas de que están enfermas, conductas humanas sin explicación convertidas en enfermedad, eso sí es demencia pura! **Luz**

- Los seres humanos somos mensajeros, nos damos mensajes unos a otros, mantén tus sentidos dispuestos a recibir y dar mensajes. **Luz**

- **Psicología, Psique** = alma **Logo**= estudio o tratado.

  Psicología = Significa ciencia, estudio o tratado del alma. (significado literal en el diccionario).

- Pero es inaceptable para la ciencia de la psicología utilizar la palabra alma, ustedes entienden? No? yo tampoco. **Luz**

- La depresión, bipolaridad, ansiedad y otras enfermedades mentales, es un llamado de tu alma a atender asuntos sin resolver. **Luz**

- Los sentidos son: visión, tacto, gusto, olfato, oído y el sexto la mente, que es lo que llaman intuición y hay muchos sentidos mas. **Joel**

- La deslealtad es el estado natural, lo que se trabaja es la lealtad. **Joel**

- Son los seres humanos la maquina más complicada que puede existir. **Joel**

- En la amistad, la adversidad y la distancia hay que mantener la lealtad. **Joel**

- Los sueños son viajes a dimensiones del pasado, del presente y del futuro, puedes estar soñando que sueñas y no estás soñando. **Joel**

- El sueño es recordar la divinidad de donde vienen los seres humanos. **Joel**

- Todas las noches el ser humano regresa a casa. **Joel**

- Las almas son muy consentidas y amadas, pero la decisión de evolucionar o involucionar siempre es del alma. **Joel**

- Hay conductas penadas bajo la evolución del alma y el aborto no es una de ellas, el aborto es considerado libre albedrio, solo estas ejerciendo tu derecho a elegir. **Joel**

- La religión es el cáncer de la humanidad. **Joel**

- El presente, la sabiduría del presente ! podemos mirar el pasado y el futuro, pero el presente siempre tiene matices del pasado y también un compromiso con el futuro. **Joel**

- El amor a Dios debe ser congregación y no disgregación, unión no separación, amor y no odio, sentimiento de estar a salvo todos y no creerse unos salvos y otros condenados, reconocimiento de la verdad y no de creerse poseedor de la verdad y otros de la mentira, de sentirnos todos elegidos y no de creerse elegido y los demás abandonados. **Luz**

- Eso de que hay un pueblo elegido por Dios y el resto ha sido abandonado, evidente y lógicamente no puede ser verdad, Dios es amor, perfección y justicia, donde estarían estos atributos divinos si se eligieran solo a algunos? **Luz**

- Se le puede explicar y enseñar a la gente de la mejor manera, pero no se puede hacer que entiendan lo que no están listos para entender. **Luz**

- Para colaborar con la sanación hay que educar la mente, razonamiento mental, cuando lo razonas lo integras y lo entiendes, es asimilación y entendimiento, es conciencia !!! **Joel**

- El problema de los seres humanos es el no consentir que hay otras formas de vida de la que están acostumbrados en el planeta Tierra, ni tampoco pueden entender que la vida no se genera de la misma manera. **Los invisibles**

- Tener miedo es esclavizarse por decisión propia. **Luz**

- Yo estoy hecha de amor no de miedo. **Luz**

- El miedo es el peor enemigo de la humanidad, porque el miedo se alimenta de miedo, el miedo es la negación de tu ser, el miedo es algo que solamente existe porque la persona libremente decide crearlo y alimentarlo. **Luz**

- Si las personas deciden no vivir en el miedo, el miedo tiene que morir, el miedo es una creación mental y si decides no alimentar esa creación, su único destino es desaparecer. **Luz**

- Nunca olvides que eres un creador, por lo tanto si haces creaciones que te lastiman, tienes el poder de destruir esa creación. **Luz**

- Lo más barato del mundo es lo que se paga con dinero. **Joel**

- Una buena platica, un convivir con amigos o con familia, una noche romántica, un paseo a un museo, unas horas de colaboración voluntaria, un paseo al aire libre, una celebración, observar un amanecer o un atardecer, dar o recibir.... eso no tiene precio! **Joel**

- La energía es una red, la luz te contagia de luz, la oscuridad te contagia de oscuridad. **Joel**

- Hay que educar a la gente para el conocimiento de la maravilla de la vida. **Joel**

- Cuestión de interpretación: "Open mind " Algunos interpretan abrir la mente como un camino a la evolución del alma y otros como un camino a la degeneración e involución. **Luz**

- Lo difícil no es hacer fama y fortuna, lo difícil es no corromper el alma para conseguirlo. **Luz**

- Al negarnos a dejar ir nuestros seres queridos cuando "mueren", les hacemos más difícil su partida para que continúen su camino hacia la luz, no es muerte es una transición. **Luz**

- La clave de las enfermedades está en la experiencia de esta vida y de otras vidas. **Joel**

- La mente de un ser humano es como un closet, se va llenando de tristezas, sufrimientos, experiencias dolorosas, sentimientos de abandono, angustia, desamor....etc hay que limpiarlo para que entren cosas nuevas a tu vida. **Luz**

- Hay que cuidar de aquello que le das a tu alma, para que eso que le das, no se convierta en pesares. **Joel**

- La disciplina de tu mente es importante para que no lleguen a ti los adversarios y te influyan, pues son advenedizos, cuida siempre de tus estados emocionales, ama a tu prójimo y aprende a ver las maravillas de la vida. **Joel**

- Lo que enferma a los seres humanos son sus propias experiencias no procesadas, temores de lo no procesado, enfermedades pasadas no procesadas y asimiladas. **Joel**

- No hay una receta para cada cosa, es una receta para todo. **Receta para curar el alma:**
  1. Amor
  2. Disciplina
  3. Conciencia   **Joel**

- Los seres humanos son creadores universales de sus propias dolencias, nada viene externo. **Joel**

- La raíz de la enfermedad es muy sencilla:
  Por las experiencias enfermas y por las experiencias te curas, bastante lógico, sin complicaciones. **Joel**

- La habilidad que tiene cada alma de asimilación, conciencia y aprendizaje, es el camino más corto a la sanación. **Joel**

- No hay cura más perfecta que exponerte a la felicidad. **Joel**

- El conocimiento es energía en movimiento, compártelo para que continué su ciclo. **Luz**

- Cuida siempre de lo que le das a tu alma. **Joel**

- Las penurias del ser humano serian menos, si lograran manejar y disminuir la codicia y el drama. **Joel**

- La educación es el camino a la libertad. **Luz**

- Que leas o escuches algo no te garantiza que lo entiendas, que lo entiendas, no te garantiza que lo practiques, así que; busca el conocimiento, entiéndelo, practícalo y compártelo, así mantendrás la energía del conocimiento en movimiento. **Luz**

- La felicidad está en la convivencia entre las almas, es el desamor de los unos a los otros lo que aparta a las almas. **Joel**

- Si cada ser humano tuviera la disposición de darle lo mejor a su alma, desaparecería la enfermedad física y mental. Pero la desgracia, es que no tienen el reconocimiento del retorno del alma, no tienen la instrucción de pintar en el muro de la vida y no han aprendido a ver las maravillas de la vida. **Joel**

- Los mensajes escondidos a través de la experiencia, esas son las simples reglas del vivir. **Joel**

- Toda experiencia en la vida da como resultado aprendizaje, la única experiencia que no te enseña nada es la holgazanería; la actitud de la pereza es ausencia de aprendizaje. **Joel**

- Lo que destruye el alma es la holgazanería, la falta de disciplina. **Joel**

- La pereza te aleja de la luz y del amor, con la holgazanería es de la única forma que no se crece. **Joel**

- En lo que te la pasas pensando es lo que atraes. **Joel**

- Están los valores tan minimizados y empequeñecidos, que todo es válido con tal de mantener el status social. **Joel**

- Esclavo el que trabaja arduamente mal pagado para producir lo que el consumista quiere, esclavo el consumidor que trabaja duro sacrificando el valioso tiempo con su familia para poder pagar los lujos que quiere, pero que no necesita y esclavo el que con la esclavitud de los que esclaviza, ingenuamente esclaviza su alma creando una futura reencarnación llena de dolor. **Luz**

- La música y el arte en cualquiera de sus formas son expresiones del amor. **Luz**

- Lo que no resuelves en esta vida o el abuso que le hayas dado a tu cuerpo, te lo cargas a otra vida. **Joel**

- Siempre ha habido corrupción sobre esta tierra, egoísmo, codicia, mentira, envidia, solo que ahora con la tecnología se difunde con más rapidez y eso confunde a la humanidad. **Joel**

- Nos hipnotizan por medio de la música, televisión, revistas, mercadotecnia, dándonos mensajes negativos para crear más enfermedad y así consumamos mas. **Luz**

- Los monstruos no caerán a menos que la gente se eduque, los malos gobiernos, las compañías de comida chatarra, las televisoras corruptas, las compañías que se enriquecen del dolor ajeno seguirán, si el mundo no se educa; no son ellos los fuertes, son los seres humanos con su no conocimiento los que los siguen y los hacen fuertes. **Joel**

- El valor de un diamante es solo el que el hombre le ha dado, se sienten con status, con poder al lucirlo; pero detrás de ese diamante hay miseria profunda, los mineros viven en miseria, es una de las explotaciones más viles del planeta Tierra. **Joel**

- Todos los sistemas que han creado los gobiernos de la Tierra han sido genuinos; pero nunca se podrán ejercer por la corrupción del alma. **Joel**

- Los seres humanos son seres de experiencia, la experiencia da como resultado aprendizaje, el aprendizaje es conciencia, cuando ya tienes conciencia entonces surge la espiritualidad; esta es la cadena evolutiva. **Joel**

- El regalo de la belleza, el don de la inteligencia, la comodidad del dinero, son desafíos que se le dan a los humanos como una forma de experiencia, pero siempre están siendo observados muy de cerca y bajo el escrutinio espiritual. **Joel**

- La belleza, el dinero y la inteligencia, cuando han sido utilizados para causar dolor y/o destrucción, hay que pagarlo con dolor. **Joel**

- Cuando logras entender las palabras de un loco, entonces dejan de ser locura. **Luz**

- Dios deja que la luz atraviese la oscuridad y permite que mis ojos y mi alma la puedan encontrar. **Luz**

- Karma doloroso se genera del abuso de la belleza, poder y fortuna, hasta que aprendas, encuentres el equilibrio y entiendas que tienes que seguir luchando por sostenerlo y evolucionar, todo viene de la luz y a la luz debe volver. **Joel**

- La doble moral es el conflicto del alma que sabe la verdad y la mente que lucha por satisfacer el cuerpo y el ego; el hipócrita es el resultado de esa lucha. **Luz**

- Las personas que se sienten enojadas permanentemente, no necesitan manejo de su enojo, lo que necesitan es encontrar la razón de su enojo, sanar y dejar de estar enojados. **Luz**

- Cualquier conducta humana tiene una raíz en el alma, si encuentras la raíz del problema y la arrancas se acaba la conducta indeseada. **Luz**

- Somos peldaños de luz, no esperes entendimiento de alguien que aún no puede entender, da amor a todos, pero mantén una distancia prudente de almas con menor entendimiento. **Luz**

- La mente está al servicio del hombre, no el hombre al servicio de ella. **Luz**

- Creer es crear ! **Cree y SANA ! Luz**

- Vivimos en una época donde los médicos están enfermos, los maestros son ignorantes y los lideres son títeres. **Los invisibles**

- Es sabio reconocer, que causar dolor a otros, es crear dolor para ti mismo. Porque todos somos **UNO,** todo se devuelve, solo nos damos a nosotros mismos, todo es cíclico. **Luz**

- Lo único que nos llevamos ricos y pobres es la experiencia que tuvimos unos con otros, el amor o desamor que dimos o recibimos. **Luz**

- Todo en el universo es energía, nuestro cuerpo es energía, los espacios guardan energía, todas las cosas físicas son energía y antes de ser cualquier cosa física, se es energía: no es lógico pensar que la enfermedad es transformación de la energía y que la clave de la sanación está en la energía? **Luz**

- Principio básico de la física:

  "La energía no se crea ni se destruye, se transforma". Si la energía vital de un cuerpo humano se puede transformar en enfermedad, no es lógico que también se pueda revertir a su estado original y sanar? **Luz**

- Somos habitantes de reinos y dimensiones alternas a la nuestra. **Los invisibles**

- Creer en Dios es crearlo y crearlo es tener la certeza de que somos parte de él. Cuál es tu creación hoy ? **Luz**

- Las religiones trabajan para la oscuridad. **Luz**

- Receta para esclavizar a alguien:

  "Hágale creer que es libre". Luz

- Sí, yo sé que hay muchos que me querrán callar, por negarme a guardar silencio, ante el negocio lucrativo de las religiones, la medicina corrupta, la farmacéutica y todos los que colaboran con enfermar y esclavizar a la humanidad, pero igual yo decido hablar para el que quiera escuchar. **Luz**

• Que lluevan bendiciones a los médicos honestos y hombres de ciencia, que saben que su misión es ayudar a sanar a la humanidad. **Luz**

• La mercadotecnia religiosa cada vez es más agresiva, pero no se confundan, no es que cada vez haya más religiosos, lo que pasa es que se les están yendo los clientes, por eso hay que hacer publicidad. **Los invisibles**

• Quien dijo esto:
"Tienen ojos y no ven, tienen oídos y no escuchan".

• Vaya que estaba en lo cierto! teniendo ojos y oídos no vemos el monstruo gigante de autodestrucción que hemos creado. **Luz**

- Cuando llegue el momento de mi transición, por favor escriban en mi lapida en el cementerio solo una palabra: **VOLVERE ! Luz**

- Todos los libros sagrados fueron dejados como guía al hombre para vivir, hasta que las religiones los interpretaron y manipularon para intereses egoístas. **Luz**

- El amor es energía, por eso se puede curar con amor. **Luz**

- Porque no me amaron, me traicionaron, me abusaron, me abandonaron, me engañaron, me discriminaron, odiaron, me mintieron.... etc. el sentimiento de no haber sido amado es el que enferma a la humanidad. **Luz**

- Los seres humanos somos muy dramáticos, complicamos nuestra existencia sobre analizando y sobre reaccionando a los acontecimientos de la vida. **Luz**

- La medicina se ha corrompido y se ha convertido en la industria del dolor, se crean más enfermedades para asegurar la clientela y sostener estilos de vida a costillas de los enfermos. **Luz**

- **Los caníbales todavía existen!** y no tienes que ir a buscar una tribu primitiva para verlos, mira como las grandes compañías que enferman a la humanidad se alimentan de carne humana. **Luz**

- Solo el amor de los unos por los otros nos puede salvar. **Luz**

- No se confundan, claro que amo a mis hermanos religiosos, los amo tanto que los quiero ayudar a despertar. **Luz**

- Amor, felicidad y luz, un pedacito de cielo en la Tierra.
  Los invisibles

- Hemos llegado a tal punto de corrupción, que hoy en día ser honesto es considerado un acto heroico. **Luz**

- Que te hace pensar que tus talentos, virtudes y todo lo que sabes lo aprendiste en una sola vida? **Luz**

- Toda enfermedad física o mental viene de adentro hacia afuera y es de adentro hacia afuera que se debe sanar. **Luz**

- La música abre puertas a otras dimensiones; los seres humanos respondemos naturalmente a la vibración, la música nos puede sanar, pero también nos puede enfermar, se selectivo con la música que escuchas. **Luz**

- Los seres humanos aprendemos por repetición. Música, videos, publicidad y mercadotecnia llena de mensajes negativos, un doble impacto visual y auditivo repetitivo, que nos invitan a perpetuar la oscuridad y el dolor. **Luz**

- De qué habla la música de hoy ? violencia, sexo, drogas, alcohol, conflicto, desamor... y nos preguntamos porque vivimos en un mundo cada vez más violento y sin valores. **Luz**

- Desde que se inventaron la TV, videojuegos, películas, y cualquier juego electrónico para "distraer" a los niños, estas maquinas se convirtieron en la mejor niñera, sin saber que pagamos un precio muy alto por envenenar con fantasía, la mente de nuestros amados hijos. **Luz**

- Nuestras acciones físicas, verbales y mentales son causas y nuestras experiencias son efectos. Vivimos y experimentamos la consecuencia de nuestras acciones pasadas, en esta vida estamos creando nuestra futura reencarnación. **Luz**

- Nosotros somos creadores, creamos nuestro propio mundo y elegimos las experiencias que necesitamos vivir para poder crecer espiritualmente, Dios no nos castiga; siempre se nos da la oportunidad de aprender con amor, pero si no lo entendemos, nosotros creamos dolor como una forma de aprendizaje. **Luz**

- Emociones y sentimientos reprimidos o mal entendidos, son una buena fuente de enfermedad. **Luz**

- El desamor es la principal fuente de enfermedad. **Luz**

- En el momento que nos responsabilizamos de nuestros actos, nuestro espíritu se engrandece e inevitablemente viene el crecimiento acompañado de sanación. **Luz**

- **Depresión: (definición en el diccionario) del latín depressio que significa opresión, encogimiento o abatimiento, es el diagnostico psiquiátrico que describe un trastorno del estado de ánimo, transitorio o permanente con sentimientos de abatimiento, infelicidad y culpabilidad, incapacidad total o parcial para disfrutar de la vida cotidiana.**

- Depresión: Conflicto del alma que se expresa con sentimientos de tristeza, culpa, sentimientos de no merecer, hasta el punto de no querer estar aquí, provocada por asuntos sin resolver de esta vida o de vidas pasadas. **Luz**

- **Tu propio amor es tu sanación.** Nunca debemos olvidar, ni dudar de que el amor es la medicina del alma. **Luz**

- La intoxicación masiva de mensajes de oscuridad en los medios de comunicación, contribuyen a enfermar a la humanidad, la luz es el antídoto, enciende tu luz interior mira mas allá de lo que tus ojos físicos pueden mirar. **Luz**

- El egoísmo es un buen recurso para perder el tiempo en el despertar de tu conciencia. **Luz**

- Es la pobreza espiritual, la identificación con uno mismo de pobreza interna, lo que nos hace interactuar con los demás de forma egoísta. **Luz**

- El apego es una decisión de ir lento y seguir enfermo. **Luz**

- El gran recurso de la interacción humana es una fuente de aprendizaje y sabiduría, la diversidad cultural, los matices humanos dan el crecimiento espiritual. **Luz**

- El necio ya sabe la verdad y decide no usarla, sigue dando vueltas en las ruedas del alma. **Luz**

- Limpia tu closet mental, deshazte de emociones, sentimientos, apegos dolorosos, deja espacio para entrar cosas nuevas en tu vida. **Luz**

- No solo se debe limpiar el closet mental también se debe limpiar el corazón pues muchas veces un corazón herido guarda más dolor que una mente humana. **Joel**

- Mientras estemos encarnados, siempre hay algo que sanar, por lo tanto, algo que corregir. **Luz**

- La humanidad es hermana, solo que traemos diferentes vestidos, para hacer de la experiencia de cada vida una fuente de aprendizaje. **Luz**

- Cuando enjuicias estás jugando a ser Dios, estás haciendo algo que no te corresponde, pon atención a ti mismo. **Luz**

- Mujer ! dignifica tu bellísima condición de mujer, jamás seas el recipiente de la oscuridad y el dolor de un hombre, di no a la violencia domestica! **Luz**

- Hombre donde está tu luz ? si levantas tu voz y tus manos para herir en la piel y en el alma a quien supuestamente amas, convirtiendo tu casa en un campo de batalla. **Luz**

- Mujer si el hombre te da oscuridad y tu eres el recipiente de esa oscuridad lo mas lógico es que reine la oscuridad.
  "Por favor que alguien encienda la luz "! di no a la violencia domestica. **Luz**

- Axioma universal:
  "Todo se atrae o se rechaza en el universo"
  Hombre o mujer que abusa a su pareja es una pieza de rompecabezas, que buscara a alguien que encaje como recipiente perfecto para recibir su dolor. **Luz**

- No es que no se deba juzgar a sí mismo ni a los demás, es que **NO SE PUEDE**, el ser humano no tiene esa habilidad. **Luz**

- Nada es de nadie, no te quedes esperando a "morirte" para comprobarlo, solo te llevas el amor que diste y que recibiste. **Luz**

- En la escuela de la vida, donde vinimos a vivir en comunidad, la mejor forma de avanzar es compartir el amor con los demás. **Luz**

- La tristeza y ansiedad son contagiosas, no olvides que son frecuencias vibratorias. **Luz**

- Si las dietas con pastillas, batidos y suplementos fueran buenas para el cuerpo humano, crecerían en los árboles. **Luz**

- Cualquiera que sea la expresión del miedo, siempre generará más miedo; porque el miedo se alimenta de miedo. **Luz**

- Si decides no alimentar tus miedos no tienen otro destino que desaparecer. **Luz**

- La razón por la cual la ciencia humana es muy limitada es, porque no han descubierto que el espíritu es ciencia. **Luz**

- Detrás de la religión hay miedo escondido y un líder que sabe manipular para sacar provecho de ese miedo. **Luz**

- Que seria de la religión si no usaran el miedo como una arma de control ? **Luz**

- Dios, sé que me muestras el camino, ayúdame a reconocerlo, que yo sin dudar lo seguiré. **Luz**

- Todos los males, enfermedades y dolor de la humanidad tienen su raíz en el desamor. **Luz**

- Mira los problemas de la humanidad y descubrirás que el dolor que nos aqueja nació del desamor. **Luz**

- El ser humano es una creatura hecha de amor y todo lo que interprete como desamor, lo debilita, desestabiliza y enferma, pues está en contra de su naturaleza divina. **Luz**

- La integridad es directamente proporcional a la honestidad, es pensar, decir y hacer con concordancia. **Luz**

- La vida tiene muchos colores, pero la honestidad y lealtad solo tienen dos colores, blanco y negro. Eres honesto y/o leal punto; o por el contrario eres deshonesto o desleal no puedes ser un poquito deshonesto o un poquito desleal. **Luz**

- Por que buscas la sanación mental en una pastilla si la sanación vive dentro de ti ? **Luz**

- Una pastilla es capaz de destruir sentimientos de tristeza o ansiedad? o lo que hace es dormirte para que no sientas? no es acaso mejor escuchar a tu cuerpo y descubrir cuál es la causa de esos sentimientos y solucionar lo que tengas que solucionar para que el dolor desparezca? **Luz**

- La comodidad del mundo moderno ha hecho que perdamos la lógica, hacemos cosas evidentemente nocivas para la salud sin cuestionarnos, solo seguimos la mercadotecnia. **Luz**

- Si las bebidas energéticas, los suplementos alimenticios, los batidos proteínicos y todos los alimentos procesados nacen y crecen en la tierra yo los quiero todos. **Luz**

- Cuando te ofrecen suplementos alimenticios que han sido producidos y procesados en un laboratorio, no hay alguna parte de tu ser que te dice que puede ser perjudicial para tu salud ? **Luz**

- Dale un motivo y herramientas a tus hijos para desarrollar sus talentos y habilidades y los veras triunfar; dale todo en las manos y los veras fracasar. **Luz**

- La libertad mal entendida hace que se pierda el equilibrio entre padres e hijos; hoy en día se ven padres sin autoridad que les temen a sus hijos. Padre, ejerce tu autoridad con amor y justicia por algo te toco el papel de guía. **Luz**

- En el mundo de mentiras que vive un mentiroso, sus creaciones mentales son su verdad. **Luz**

- El deshonesto siempre va a justificar su deshonestidad y si no, como se explica que haya engañado a otros sin haberse engañado primero a sí mismo? **Luz**

- El miedo es tu creación y lo que tu creas también lo puedes destruir. **Luz**

- Si se te olvido tu misión en la vida, pagar tus deudas, ser justo, amoroso, generoso y cordial con tu prójimo, no te preocupes, la memoria del universo es perfecta y se encargara de recordártelo. **Luz**

- El mentiroso miente por miedo, teme no ser amado y conseguir lo que desea si dice la verdad, la mentira es simplemente una expresión de su desamor e inseguridad. **Luz**

- Si has decidido acabar con el miedo, reconoce que hay que destruir los pensamientos de miedo y las conductas que expresan el miedo, pues así como te has tardado un tiempo en ser experto creando miedo, te tardarás un tiempo en volverte un experto en cancelar tu creación. **Luz**

- Si algunas de mis palabras te incomodan, no te preocupes te entiendo perfectamente, también fue incomodo escribirlas. **Luz**

- Algunas veces se logra motivar a la gente hablándoles bonito; otras veces, simplemente no hay una forma bonita de decir lo que se tiene que decir claramente. **Luz**

- Utiliza tu voz para decir sí con amor cuando quieras decir sí, y no con amor cuando quieras decir no. **Luz**

- Somos dueños de nuestro propio mundo, mente, pensamientos, decisiones y acciones, felicidad o miseria, éxito o fracaso, de nuestra conciencia, de nuestra vida actual....... y de nuestro próximo retorno. **Luz**

- En esta vida estoy creando y construyendo mi próxima reencarnación, todo lo que soy y experimento es creación mía. **Luz**

- Yo estoy a cargo de mi existencia, mi mente está a mi servicio, no, yo, al servicio de ella; mis pensamientos están a mi servicio, no, yo, al servicio de ellos, pues yo soy quien escribo mi destino. **Luz**

- Al chismear, estamos utilizando nuestra valiosa energía en dañar a otros y por lo tanto contagiamos a otros con ésta misma baja frecuencia vibratoria y como todo lo que tiramos al universo se regresa, creamos oscuridad para nosotros mismos. **Luz**

- **EL CHISME** Forma muy efectiva de propagar la oscuridad. **Luz**

- Al chismear estamos distraídos, enfocados en las vidas ajenas, en vez de estar enfocados en nuestra propia vida, que al final es de lo único que un ser humano tiene control, de su propia existencia. **Luz**

- La palabra tiene poder, tiene poder de destruir y poder de crear y cuando utilizamos ésta energía a nivel de chisme estamos destruyendo la imagen o reputación de otra persona, o nuestra propia imagen o reputación. **Luz**

- El que habla de otros, habla de sí mismo, por su boca sale energía destructora, que colabora con su propia destrucción. **Luz**

- ¿Quien no sabe identificar un chismoso? una vez identificado, los sabios lo evitan, pero los que vibran en su misma frecuencia, alimentan el chisme con su propia energía, generando más oscuridad. **Luz**

- El poder de un chisme es impresionante, es capaz de dañar la buena imagen y la reputación de una persona, o hasta de contaminar todo un grupo o sociedad de personas, ya que se siembra la duda de la honorabilidad de uno o varios individuos. **Luz**

- Cada parte de mi cuerpo ha sido diseñado con la sabiduría del universo; pero depende de mí que yo lo utilice con sabiduría. **Luz**

- El plan es más sencillo de lo que parece, solo hay que comportarse como lo que somos, como seres de luz para regresar a la luz, lo difícil es recordar quienes somos. **Luz**

- Hagamos de nuestra voz y de nuestros oídos una herramienta preciosa de comunicación, empecemos desde hoy, aquí y ahora a bendecir, amar, sanar, proyectar luz, crear con nuestra voz una red de energía de amor, para nosotros mismos y para otros. **Luz**

- Siempre es un buen día para empezar a enmendar, el tiempo no existe en el mundo del espíritu. No te pierdas en recriminaciones o sentimientos de culpa, el objetivo es cambiar y ser cada día mejor hermano de nuestro prójimo, mejor proveedor y receptor de amor. **Luz**

- Te sientes solo? mira al cielo y recuerda que no estás solo, que nunca lo has estado y que nunca lo estarás. **Luz**

- Cada paso que tu das hacia adelante es ganancia, si decidiste dar un paso adelante hoy y parar el chisme, pedir perdón o perdonar, corregir o cambiar, has decidido, **SANAR ! Luz**

- Cuando culpas a otros de tus problemas te mientes a ti mismo y niegas tu divinidad. **Luz**

- La envidia es la semilla de muchas maldades, estas fuera de enfoque, concéntrate en ti mismo. **Luz**

- El que envidia a otro o a otros, sufre creyendo que es menos que otros, está negando su poder de crear cosas positivas para sí mismo, está opacando su propia luz y definitivamente fuera de enfoque. **Luz**

- La envidia tiene una connotación de inmadurez; no solamente a nivel cognoscitivo, sino a nivel más profundo, es inmadurez espiritual. **Luz**

- **Creer es crear!** y si te crees no merecedor de felicidad pues habrás creado infelicidad, si crees que no mereces recibir, pues habrás creado necesidad, si crees que eres pobre, pobre serás, si crees que no puedes, pues no podrás… **Luz**

- Piensa positivamente, haz una lista de todo lo que quieres hacer y conseguir en la vida, pues todo en la vida empieza por un pensamiento. **Luz**

- Actúa! estamos en un mundo de acción, en esta dimensión hay que actuar, el que se queda pensando y sintiendo y no hace nada, ha encendido la chispa divina de la creación, pero le falta el poder de la acción! **Luz**

- Mira a tu alrededor y reconoce que eres parte de un todo, tu eres una ficha importante del rompecabezas del universo, tú aporte es valioso. **Luz**

- Sin importar cuánto te hayan lastimado mira a los demás con los ojos del alma, no con los ojos del cuerpo y los verás como tus hermanos, en su propia lucha, tan importantes y valiosos como tú. **Luz**

- Quejándote ? de que te quejas ? si al final todo lo eliges tu ! **Luz**

- Somos electromagnéticos: el que se la pasa quejándose, pensando y expresando negativo, no solamente atrae negatividad, vive en un mundo donde la percepción es oscura y sin esperanza, además contagia de su baja vibración a los que se dejen contagiar. **Luz**

- Para poder conseguir armonizarte con lo externo, tendrás que armonizarte primero con lo interno. **Luz**

- Muchas veces nos enfocamos tanto en el exterior y en pescar los errores y lo que está mal afuera, que se nos olvida que el mundo se ve dependiendo del ojo que lo percibe. **Luz**

- Es más fácil hacerle creer al mundo que cada día se descubre una nueva enfermedad, a que descubran que la sanación vive dentro de ellos. **Luz**

- La reversión de la energía enferma a energía sana, se hace por medios internos, no por medios externos. **Luz**

- La decisión de sanar es interna pero la vibración energética de plantas, frutas, flores, piedras, colores, olores, música, agua, texturas y elementos que ya existen en la naturaleza, pueden colaborar a la reversión de energía enferma; puesto que fueron creados para ese objetivo, todo se no has dado para estar sanos. **Luz**

- Todo lo que existe en el universo es energía ! por lo tanto la vibración energética de otros elementos naturales pueden colaborar a la sanación de un cuerpo energético, un cuerpo humano. **Luz**

- El secreto de la sanación está en la energía, no en la química pues la química es controlada por la energía. **Luz**

- Lo que llaman milagros es el conocimiento aplicado de las leyes universales de la física y la química, por lo tanto los milagros son ciencia. **Luz**

- Y que es ciencia ? Ciencia es el todo y la nada, es el principio y el final, es el alfa y el omega, lo visible y lo invisible..... **Ciencia es el llamado mundo espiritual ! Luz**

- El avance de la ciencia humana es directamente proporcional a los limites que tiene el primitivo método científico. **Luz**

- Qué fácil es ser anormal, cuando el rango de lo que determina que es normal, ha sido creado por la ignorancia de una mente que cree que sabe lo que es normal. **Luz**

- Si ves sufriendo a un hermano y crees que el asunto no es contigo, estas equivocado, tu dolor es mi dolor y mi dolor es el tuyo, somos una red energética invisible, conectada por los finos lazos de la evolución de una sola alma. **Luz**

- **Qué alivio saber !** que quienes promueven la enfermedad, informándonos de los riesgos de contraerlas, de todo lo que hace daño y de todo lo que nos lastima, siempre tienen el remedio y generosamente nos venden la cura. **Luz**

- "Curiosamente" muchas de las campañas millonarias "informativas" que nos mantienen al tanto de las nuevas enfermedades, son pagadas por compañías farmacéuticas, será labor social ? o mercadotecnia ? qué crees tú ? ... yo creo que no cabe duda que el miedo es una buena arma. **Luz**

- La energía se alimenta de energía, entre mas alimentes la energía de la enfermedad mas crecerá, creer es crear ! **Luz**

- Aprendemos por repetición, así como te aprendiste las tablas de multiplicar repitiéndolas, aprendes lo que te conviene y lo que no, mira al rededor de que están rodeados tus sentidos ? **Luz**

- No crees en la hipnosis ? que pensarías si te dijera que nos mantienen hipnotizados masivamente? vivimos en un mundo donde utilizan la hipnosis para engañarnos, manipularnos, vendernos productos e ideas y esclavizarnos. **Luz**

- La mente humana tiene el poder de caer en estados hipnóticos, utiliza tu poder para tu beneficio, para sanar y colaborar con la sanación de los demás. **Luz**

- Y que es la hipnosis ? es un estado natural de la mente humana, donde puedes tener un alto grado de concentración en una sola cosa, la hipnosis de sanación entre otras cosas, puede conectarte con tu punto de creación. **Luz**

- La diferencia entre las drogas psiquiátricas y las drogas de la calle es: que las drogas de la calle son ilegales. **Luz**

- Si tomas medicamentos químicos psiquiátricos, no es lógico pensar que alteren la química natural de tu cerebro y en consecuencia tu conducta ? **Luz**

- La conducta siempre será la consecuencia, el cuerpo humano es el vehículo para expresar la conducta, por que atacar con medicamentos al vehículo que expresa la conducta y entonces donde está la causa de la conducta? tal vez ese cuerpo tenga un alma ? **Luz**

- Si decides creer que un medicamento te va a curar las dolencias del alma, eres tan responsable como el que te dijo que ese medicamento te curaría. **Luz**

- El mundo del espíritu y el mundo científico no son opuestos, ni exclusivos y excluyentes el uno del otro, son lo mismo solo que la ciencia humana no lo ha entendido. **Luz**

- Pensamiento + sentimiento + acción = Materialización **Luz**

- Si somos los seres humanos los llamados a dominar éste planeta, los llamados a estar por encima de las plantas, los animales y cualquier ser vivo sobre la Tierra, porque seguimos atentando contra la naturaleza? **Luz**

- Nacemos con la dotación perfecta y nos proveen de los recursos que necesitamos, para cumplir con la misión de vida que hemos escrito. **Luz**

- Cada vida está perfectamente planificada, es como una obra de arte, todo está perfectamente calculado y diseñado tiene un engranaje perfecto. **Joel**

- Lo que ha de ser, será! porque hay otras almas que están esperando a que sea o se dé, para poder que sea o se dé, el plan de ellos. Cada existencia está conectada con otros cientos de millones de almas. **Joel**

- Nuestra experiencia de vida, está perfectamente acoplada y entrelazada con los finos lazos de la conciencia universal. **Luz**

- La experiencia de cada alma en un cuerpo humano, está perfectamente enlazada con la experiencia de la de muchos otros, todo está perfectamente calculado para que así suceda y aunque sea difícil para nuestra mente humana entenderlo, así es como funciona. **Luz**

- Todos estamos hechos con la perfección de lo que necesitamos ser, para hacer lo que tenemos que hacer. **Luz**

- Dios los hace y las vibraciones los juntan. **Luz**

- En un estado profundo de hipnosis, puedes recordar, de dónde vienes, de que estas hecho y hasta a que viniste. **Luz**

- Dios, ayúdame a ser lo que necesito ser, para hacer lo que tengo que hacer. **Luz**

- Cuál es la pregunta ?
  Crees en la reencarnación? o... que te hace creer que has vivido una sola vez ? **Luz**

- Sentirte miserable y triste en una situación o relación, es una clara señal de que no debes estar ahí. **Luz**

- Tu mente te puede engañar, pero tu corazón sabe el camino, déjate guiar por él. **Luz**

- Con disciplina nos podemos comer el mundo, sin ella el mundo nos come a nosotros. **Luz**

- Hay que saber reconocer con sabiduría, cuando estamos en el camino correcto y es cuestión de trabajar más duro, o cuando vamos por el camino equivocado y es tiempo de cambiar de camino. **Luz**

- Sin disciplina eres un pobre barco a la deriva, cargado de talentos, desperdiciando la carga que llevas dentro. **Luz**

- Algunas veces, la dificultad es simplemente parte del proceso de aprendizaje, otras veces es la clara señal que vas por el camino equivocado. **Luz**

- Tú no eres tu conducta errónea, las experiencias dolorosas que has tenido, ni el sufrimiento por el que has pasado; tampoco eres como te ves, o como te sientes, ni mucho menos lo que tienes o lo que crees que te falta, eso es solo una forma de aprender. **Eres algo mucho más grande !** eres un pedacito de luz, absolutamente necesario para completar el todo de un alma. **Luz**

- La experiencia es simplemente el camino natural de la evolución del alma humana. **Luz**

- Nos ganamos nuestro ascenso espiritual por medio de nuestra conducta, que debe estar alineada con nuestros pensamientos y nuestra expresión. **Luz**

- Así como elijo despertar, también puedo elegir volverme a dormir. **Luz**

- Así como trabajamos para ganarnos la luz, también podemos detenernos o retroceder, si existe evolución también existe la posibilidad de involucionar. **Luz**

- Tríos sexuales, sexo grupal, intercambio de parejas etc nada de eso es nuevo, practicas antiguas que se repiten, ya habíamos pasado por allí...umm me suena a involución. **Luz**

- Dios nos hace libres y nosotros por el camino decidimos esclavizarnos. **Luz**

- Porque amo, valoro y respeto mi libertad, valoro y respeto la de los demás. **Luz**

- Cuando trabajas con la luz, la corrupción no es una opción, simplemente no puedes estar en los dos bandos, tienes que escoger uno. **Luz**

- El trafico de la salud humana es un negocio de dos vías, el que te miente para venderte la cura y el que está dispuesto a creer la mentira y comprar la medicina. **Luz**

- La energía pensamiento afecta a la energía materia. **Luz**

- Mentimos con la boca mientras los ojos gritan la verdad, pues el mentir es un conflicto interno que el alma no puede negar y que se expresa a través de los ojos que no pueden callar. **Luz**

- Nada ni nadie nos puede esclavizar si nosotros no lo autorizamos. **Luz**

- Estamos mezclados, hay dos fuerzas que se confrontan a diario. También a diario, decides con cual fuerza quieres trabajar. **Luz**

- Con la ignorancia en la que vivimos, es muy inocente pensar que los caminos a la libertad siempre son pacíficos. **Luz**

- A la gente hay que amarla como es, porque arriba nos aman como somos. **Joel**

- Todos los seres humanos tenemos el poder de liberarnos de las cadenas de la esclavitud que nosotros mismos nos imponemos; si somos capaces de reconocer, que la impotencia la creamos nosotros mismos. **Luz**

- Jamás te sientas indigno del amor, pues esto es negar tu propia esencia. **Luz**

11 de los contaminantes de la humanidad.

- Inconsciencia
- Ideas preconcebidas
- Avaricia
- Ignorancia
- Crueldad
- Miedo
- corrupción
- Explotación
- Esclavitud
- La mentira
- Juicio

- La bondad no significa debilidad. **Los invisibles**

- El alcohol y las drogas son simplemente substancias, sin otro poder, que el que yo les doy. **Luz**

- Grupos de apoyo para depresivos, neuróticos, obsesivos…. si no hay un líder que vibre alto que los guie para sanar, es como reunirse a deprimirse, enojarse u obsesionarse pero en grupo. **Luz**

- Penosamente, muchas veces, se ven grupos de apoyo donde encuentras gente reunida por el dolor y lo que hacen es seguir alimentando el dolor, sin verdaderamente liberasen de él; en éste caso, es como si nuevamente se eligiera ser víctima, pero acompañado. **Luz**

- Los grupos de apoyo requieren un líder muy capacitado y consciente, de que no se trata de que se reúnan a vibrar en la misma baja frecuencia y a fortalecer esta baja vibración; éste líder debe tener la llama de la luz tan encendida, que contagie a los demás con su fuego de sanación, que vibre tan alto, que inevitablemente suba la frecuencia vibratoria del resto del grupo y ponga al grupo a vibrar alto. **Luz**

- Grupos de apoyo para depresivos, neuróticos, obsesivos... asegúrate de apoyar la sanación y no termines apoyando la depresión, la neurosis y la obsesión. **Luz**

- Al reunirse un grupo de personas, que están vibrando en la misma baja frecuencia, que repiten una y otra vez que se encuentran impotentes ante una droga, un sentimiento, una substancia; es como colaborar con que se perpetué el problema, ya que la repetición de que son impotentes, ante lo que los esclaviza, fortalece la creencia de que ellos no tienen poder de liberarse. Es confirmar una y otra vez que estás esclavizado de algo inanimado, como lo es una droga o un sentimiento, ésta repetición te hace creer que no hay salvación. **Luz**

- El alcoholismo, la drogadicción, la neurosis, las adicciones al juego o al sexo, depresión, etc. Son enfermedades del alma no del cuerpo, ya que éstas conductas son consecuencias de asuntos sin resolver, de ésta vida o de vidas pasadas. **Luz**

- Aunque las enfermedades mentales tienen su raíz en el alma, algunos nos hacen creer que son del cuerpo para vendernos la "cura", otros ni siquiera saben que son del alma. **Luz**

- El conformismo académico de algunos profesionales de la salud, hace que se queden solo con el conocimiento que adquirieron en la escuela, sin preguntarse qué hay mas allá de una mente o de un cuerpo enfermo. **Luz**

- No hay peor ciego que el que no quiere ver, también aplica para algunos científicos humanos. **Luz**

- Sugiero a los estudiosos de la conducta humana, enfocarse en la causa, que está mucho más allá de la conducta y de la mente, si se enfocan en la conducta, van a estar estudiando el efecto no la causa. **Luz**

- Si trabajas a nivel espiritual con el adicto, la conducta adictiva desaparecerá, no se puede sostener, no tiene piso, no tiene sentido emitirla, no hay una razón de ser para que exista. **Luz**

- Recuerda : ayudando a sanar a otros te estas sanando a ti mismo y ayudando a enfermar a otros te estás enfermando a ti mismo todos somos **UNO. Luz**

- La autocorrección es el camino de la sanación. **Luz**

- Señor calma a aquellos corazones adormecidos y adoloridos que todavía no pueden despertar a tu maravillosa luz de amor. **Los invisibles**

- Si tienes una adicción y estas decidido a sanar no voltees a mirar atrás, no importa lo que fuiste, lo importante es lo que eres. No te quedes en la autocompasión... no te flageles, no te quedes en lo que hiciste, lo valioso es lo que harás. Aprovecha la oportunidad que te da la vida de corregir, no te enfoques en castigar tu conducta errónea, enfócate en CORREGIRLA y nunca desfallezcas, el universo tiene guardado un mundo maravilloso para ti, si eso es lo que deseas. **Luz**

- La única manera de vencer la oscuridad, es reconocer la luz que hay en ella. **Los invisibles**

- Haced que tu debilidad sea tu fuerza. **Los invisibles**

- La ley del péndulo:
  "NUNCA ESTAMOS EN LA MISMA FRECUENCIA".
  Los invisibles

- No creer en todo lo que existe en el universo te hace más vulnerable. **Los invisibles**

- Si te encargas de ti mismo ayudas al planeta. **Los invisibles**

- Siempre hay que buscar el equilibrio perfecto de las cosas. **Los invisibles**

- Entre más miedos tengas más alejado estarás de la luz. **Luz**

- Hay muchas formas de ser madre, se es madre al guiar, al consolar, al cuidar, al proteger, al crear, al desarrollar un arte, etc. No solo se es madre con un hijo de carne y hueso. **Los invisibles**

- Los hijos no son de los padres, los padres son un canal para que lleguen. **Los invisibles**

- En el futuro cuando hayamos aceptado la verdad de lo que somos, la pregunta no será de que país vienes ? sino de que galaxia, planeta, dimensión o mundo vienes ? **Luz**

- Ir por el camino equivocado en la vida, es como llevar un vestido que no te queda bien, sabes que lo llevas puesto pero te sientes incomodo. **Joel**

- Se fiel a lo que piensas y exprésalo con tu palabra y acciones, pues esto te mantiene alejado del conflicto interno, aunque te exponga al conflicto externo. **Luz**

- Haz que tus pensamientos se materialicen con tu conducta. **Luz**

- El que teme a una verdad que no es la suya, se niega la posibilidad de abrir las puertas del conocimiento. **Luz**

- Ten el valor de aceptar que estas equivocado, para abrir puertas a lo que es correcto. **Luz**

- Está en contra de mi religión que es el amor, creer en la religión. **Luz**

- La resistencia a la aceptación de lo que te sucede en la vida causa negación y auto victimización. **Luz**

- Ignorancia, egoísmo, avaricia, poder, la fórmula perfecta para corromper tu alma y colaborar con el dolor tuyo y de la raza humana. **Luz**

- Un buen maestro puede explicarte de mil formas un concepto, pero nunca puede hacer que lo entiendas, eso depende de ti. **Luz**

- Libérate de las cadenas, de los convencionalismos terrenales y déjate arrastrar por la libertad de tu alma. **Luz**

- Aunque mi alma sabe que todo es perfecto, mi ego humano quisiera haber despertado antes, pues me hubiera ahorrado mucho sufrimiento. **Luz**

- El sufrimiento es la consecuencia del no entendimiento. **Los invisibles**

- En ocasiones decidimos justificar o por el contrario sufrir por nuestras conductas erráticas, en vez de corregirlas. **Luz**

- La religión no tiene nada que ver con Dios y todo que ver con la ignorancia, el miedo y la avaricia humana. **Luz**

- No te gusta que se hable de la religión ni de los grandes tiranos de la raza humana? no te preocupes no te tiene que gustar, la comodidad y las relaciones públicas son opuestas a la luz del alma. **Luz**

- Recibo para dar y doy para recibir. **Luz**

- No hay que sentirnos pecadores, solo caminamos en la oscuridad para llegar a la luz. **Luz**

- La vida es perfectamente justa que no seamos conscientes de ello, eso es otra cosa. **Luz**

- El que dictamina los parámetros de normalidad, vive en un mundo de limitaciones donde cree que limitarse es normal. **Luz**

- Y si el loco nunca sabe que está loco, porque yo sé que mis palabras son una locura? **Luz**

- Dicen que en el mundo de los ciegos el tuerto es rey, entonces que tan ciegos están los ciegos si el rey ni a tuerto llega? **Luz**

- La sabiduría más grande no está en lo complejo y complicado esta en lo más simple y sencillo. **Los invisibles**

- Es solo con nosotros mismos con quien hablamos mentalmente? **Luz**

- Si hablamos con "nosotros mismos" mentalmente, si a través de la oración nos comunicamos mentalmente con lo que llamamos Dios, entonces porque dudamos de la telepatía? **Luz**

- Si estas muy ocupado produciendo mas riquezas para guardar y poseer más, entonces tal vez te has olvidado que nada es de nadie y que es rico el que da y pobre el que no sabe dar. **Luz**

- Pobre no es el carente de riquezas materiales, pobre es el que no sabe que tiene para dar. **Luz**

- No tengas miedo de recibir, porque recibiendo es como das y dando es como recibes. **Luz**

- Qué bueno que me han llamado loca, porque me han sacado de la "normalidad" a la que nunca he querido pertenecer. **Luz**

- Si estar "loco" es ver y entender cosas que otros no pueden ver o entender, estoy feliz de pertenecer a esa categoría. **Luz**

- Solo te puede detener el miedo, pero que haces cuando estas enfrente de alguien que no tiene miedo? te pegas a su alta frecuencia vibratoria, o descubres que el que tiene miedo eres tú? **Luz**

- La luz no llega a ti, tú tienes que llegar a ella, encuéntrala y deja que te encuentre. **Luz**

- Un pueblo lleno de pusilánimes, que se quejan porque los esclavizan, es el resultado de una sociedad ciega que ha decidido seguir a otro ciego sin poner resistencia. **Luz**

- Talentos, virtudes, conocimiento y todo lo que sabemos, lo hemos adquirido a través de diferentes vidas en nuestra larga existencia. **Luz**

- Así como nos traemos lecciones aprendidas de otras vidas, también nos traemos asuntos por resolver a nuestra presente vida. **Luz**

- Mantente muy atento a los momentos de oscuridad, pues solo la luz es la que puede brillar allá. **Luz**

- Las religiones y las fronteras están a punto de desaparecer. **Los invisibles**

- Los que se quedan esperando a que alguien los salve, no saben o no quieren reconocer que tienen todo para salvarse a si mismos. **Luz**

- Perdonar no es excusar, ni justificar la conducta no amorosa de alguien que te causo dolor. Perdonar es dejar ir el dolor y quedarte con la sabiduría, es entregar a un poder superior lo que no te corresponde juzgar a ti; es liberarte y liberar a tu agresor. Perdonar es un acto de fe, es dejar que el universo haga justicia perfecta y divina. **Luz**

- Los monstruos no caerán si la gente no se educa. **Los invisibles**

- Adaptarse es necesario para sobrevivir, pero adaptarse a la violencia y abuso es un suicidio. **Luz**

- Dicen que la vida es un sueño y que solo dura un minuto, pero hay algunos que se lo tomaron muy en serio, es hora de despertar ! **Luz**

- Todo lo que le tiras al universo se devuelve, no es revancha, no es venganza, es simplemente causa y efecto. **Luz**

- Ley de causa y efecto, ley universal de la reencarnación y por no ser una ley humana no se puede romper. **Luz**

- Ley humana **"Ignorancia de la ley no es excusa de la ley"** esto también aplica para las leyes que rigen el retorno del alma. **Luz**

- Y tú, alma infractora que te gusta romper las leyes, déjame decirte que las leyes que rigen el alma, son de las pocas que no se pueden romper. **Luz**

- Que vivas en el mundo de "Hello Kitty", no significa que hay otros que viven en ese mismo mundo. **Luz**

- Si todavía crees que la ciencia esta peleada con lo espiritual te falta descubrir que el espíritu es ciencia. **Luz**

- El día que mis palabras suenen cuerdas, ese día sabré que hay muchos que entendieron de que hablaba o que perdí la inspiración. **Luz**

- En un mundo de cuerdos, cualquier cosa que se salga de la norma que es la línea que marca la cordura, siempre sonara a locura. **Luz**

- Nunca tengas miedo de decir "no sé", pues es en el saber que no sabes dónde está tu sabiduría. **Luz**

- Los seres humanos somos una raza de valientes, infinitamente amados y respetados, que se alimentan de la esperanza de volver a casa. **Luz**

- No es fácil estar aquí, hay mucha basura y caminamos entre ella, mi alma tiene que estar muy despierta, para no perder el camino y recordar cuál es la razón de mi existencia. **Luz**

- Aunque soy ciudadana del mundo con todas las vidas que lleva en su record mi alma, en esta vida amo ser ciudadana Colombiana ! **Luz**

- Desde que nos hicieron creer que para llegar a Dios se necesitan intermediarios, nació un gran negocio. **Luz**

- Lo que llaman imaginación es simplemente la energía pensamiento haciendo una creación. **Luz**

- Con Dios, el creador, el universo, energía suprema, como tú le llames hay una línea directa, solo conéctate a través del pensamiento telepáticamente. **Luz**

- Todo es energía, la tristeza y la alegría son contagiosas ya que nuestro cuerpo y mente tienen frecuencias vibratorias, busca gente que te contagie de vibración alta. **Luz**

- El efecto placebo sucede cuando la persona tiene la certeza de que una medicina o intervención terapéutica va a funcionar; no por el poder que tenga el medicamento o terapia en sí, sino por el poder mental de quien recibe la terapia de que va a funcionar; entonces es lógico pensar que funciona a la inversa, si tienes la certeza de que vas a enfermar de algo, también puedes hacer esta creación de enfermedad. **Luz**

- Mente sobre la materia, tu mente tiene el poder de controlar la materia física de tu cuerpo, somos energía en movimiento, háblale a tus células con amor, que ellas te responderán de la misma forma. **Luz**

- La vibración del depresivo es baja y lenta, la del neurótico es caótica y conflictiva, el ansioso vibra en el miedo y todos tienen el poder interno de sanar, pues la vibración se puede cambiar. **Luz**

- El cuerpo es prestado, como cuando rentas una casa para vivir un tiempo, al final debes entregar la casa al dueño y debes pagar por todos los daños causados al lugar donde viviste por un tiempo. **Los invisibles**

- La inocencia es uno de los regalos más grandes que tienen los seres humanos. **Los invisibles**

- El mayor placer de la vida está en ayudar y servir a los demás. **Los invisibles**

- Somos lo que queremos ser. **Los invisibles**

- La gente diferente siempre está sola, porque recrea su alma en Dios no necesita nada más que el amor interior. **Los invisibles**

- Cada parte del organismo del cuerpo humano es un regalo divino. **Los invisibles**

- La experiencia del ser humano es la mas frágil de todas, porque es una raza que se deja influenciar por la baja energía, son inteligentes y consentidos pero muy desentendidos, no obedecen para lo que fueron creados, para ser felices y libres y por el contrario se esclavizan por ellos mismos. **Los invisibles**

- La humanidad es egoísta no se tienden la mano los unos a los otros, la vanidad y autoestima exagerada no los hace ver las cosas con claridad y se les olvida practicar lo que tienen que practicar, el amor al prójimo. **Los invisibles**

- La fortaleza de un sanador radica en conocer la debilidad de sus enfermos. **Los invisibles**

- Hay que saber cuándo callar y cuando es un momento perfecto para hablar. **Luz**

- La humanidad es ciega, no ve, no oye, no escucha. No creen en lo que no ven, solo creen en lo poco que pueden ver, sentir o escuchar y olvidan lo que es importante, el amor. **Los invisibles**

- Al enseñarle a tu hijo la relación causa y efecto, le diste un regalo que le ayudara a entender la vida y la evolución de su alma. **Luz**

- Aunque estés en el camino equivocado, tu alma sabe el camino correcto y en compañía del universo te lo hará saber. **Luz**

- Todo tiene una razón de ser y muchas cosas dolorosas que pasan en nuestra vida, es la clara señal de que vamos por el camino que no es. **Luz**

- El universo tiene diferentes formas de mostrarnos el camino a seguir, solo debemos estar atentos y responsabilizarnos por nuestras creaciones. **Luz**

- Nadie puede escapar a las lecciones que debe aprender, elegimos como las queremos aprender, pero la inconsciencia de nuestra elección hace que nos victimicemos y culpemos a otros o a la misma vida. **Luz**

- Estamos aquí para ganarnos la luz. La elección de cómo quieres ganarte la luz es tuya y la consecuencia también. **Luz**

- Todo tiene su precio y su recompensa, puedes trabajar por tu evolución y elevación, con esfuerzo y dedicación; o puedes tomarte todo el tiempo que quieras sin esforzarte pero asumiendo las consecuencias. **Luz**

- Puedes encerrarte en una caja confortable que te proteja, porque no te gusta lo que hay afuera, pero eso no hará que lo que tengas que enfrentar desaparezca. **Luz**

- Las cosas no son buenas ni malas, simplemente son; lo que las hace buenas o malas, es el juicio de la humanidad. **Joel**

- Cada experiencia de vida nos deja un regalo que conservamos a lo largo de muchas existencias, atesora tus regalos, pues cada uno de ellos te acerca más al regreso a casa. **Luz**

- Lo que sabes es el fruto de todas tus existencias; no pienses ni por un instante que todo lo que eres y lo que sabes lo conseguiste en una sola vida. **Luz**

- Es tu alma la que reconoce la verdad en las palabras que lees o escuchas, cuando dudes quédate en silencio y escucha... pues la luz vive en el silencio y en el silencio vive la luz. **Luz**

- Es el cumulo de experiencias vividas, lecciones aprendidas, pruebas superadas; al igual que las lecciones no aprendidas, las pruebas no superadas, en fin la expresión de su alma, lo que ves reflejado en la conducta humana. **Luz**

- Podemos aplazar, retrasar, posponer, evitar, intentar escapar, esconder, las lecciones por aprender; pero nunca desaparecer lo que se tiene que hacer. **Luz**

- Escape y evitación, conductas muy humanas, que hacen que demos más vueltas en las ruedas del alma. **Luz**

- Los hechos que no entiendes en tu vida, con el tiempo los entenderás, pues todo con el tiempo se llega a revelar. **Luz**

- Dale al Cesar lo que es del Cesar y a Dios lo que es de Dios. Cuando te pierdes en el mundo del consumismo, en lo material, estas enriqueciendo al Cesar y olvidándote de la razón de tu existir, solo estas aquí para cumplir una misión espiritual, que no tiene nada que ver con lo material. **Luz**

- Si te parece que llevas una vida muy difícil, ten presente que todas la circunstancias de tu vida y de tu "muerte" fueron tu propia elección; lo que sucede alrededor es tu propia creación, cuando lo entiendes dejas de victimizarte y de quejarte, es allí donde nace un nuevo estado de conciencia. **Luz**

- Puedes encontrarte con almas viejas muy inmaduras. La madurez no la da la edad cronológica, sino la evolución del alma. **Luz**

- No tengas miedo de creer en la existencia de la vida después de la "muerte", pues al creer lo único que tienes que perder es el miedo. **Luz**

- No existen días buenos, ni días malos, todos los días son perfectos para vivirlos y aprender, solo que de diferentes maneras. **Luz**

- Ten en cuenta que al negarte a aceptar una verdad que te da miedo, no hace que esa verdad deje de existir. **Luz**

- La personalidad es el cumulo de experiencias y vivencias adquiridas a lo largo de diferentes vidas, que se expresan a través de los rasgos y características de un individuo. **Luz**

- Cuando hablas de las futuras generaciones hablas de ti mismo, pues al reencarnar la futura generación eres tú. **Luz**

- La elevación espiritual es el resultado de un arduo trabajo a través de muchas existencias, nos ganamos el derecho al conocimiento con disciplina y esfuerzo. **Luz**

- Se amoroso y paciente contigo mismo, date el tiempo de entender lo que ahora es incomprensible para ti, esfuerzo, paciencia y disciplina que a su tiempo llegara el llamado entendimiento. **Luz**

- Encárgate de crear la causalidad, que el mundo invisible te dará la casualidad y la coincidencia. **Luz**

- Casualidad y coincidencia es reencontrarse en el camino, continuar con lo que no se ha terminado, es seguir haciendo la tarea y aprendiendo juntos, es resolver asuntos inconclusos, es el resultado de la causalidad. **Luz**

- No existen verdades absolutas. **Los invisibles**

- La energía nunca esta quieta, siempre está en movimiento,

- somos energía en movimiento, cambio, renacer, renovar, volver a empezar, esa es la evolución humana. **Luz**

- Así como las olas del mar se mueven sin parar, así como vienen y van... unas veces más fuerte que otras, así se mueve la energía humana, movimientos constantes dentro de nuestra mente y cuerpo, universos grandes y pequeños que no cesan de crear. **Luz**

- En el mundo del espíritu los trabajos son designados por correspondencia no por democracia. **Los invisibles**

- Todo es relativo a la circunstancia, situación, entendimiento o momento, lo que para ti es una verdad para otro es una locura. **Luz**

- Los axiomas universales son las leyes por las que se rige el universo será que aquí aplica la relatividad ? **Luz**

- No hablas de religión ni de política? porque te niegas a hablar de algo tan importante, acaso no son dos de las fuerzas que manejan el mundo? **Luz**

- La fusión de la medicina alópata y las terapias complementarias la llamada medicina integrativa, es lo mejor que se les ha ocurrido en los últimos días. **Luz**

- Cuando se habla de asignar trabajos por correspondencia quiere decir: que a quien se le ha dado cierta misión ha sido porque es la más calificada para cumplir con ella, pues se lo ha ganado y además tiene todas las características necesarias para hacer el trabajo. **Los invisibles**

- Es cobardía quedarte callado ante tanta injusticia y después ponerte a llorar ante la opresión que tu generaste con tu cobardía. **Luz**

- La ironía de la vida! está de moda entre algunos ricos y famosos tener hijos y publicar cuanto los aman, haciendo su fortuna a costillas de vender oscuridad y embrutecimiento a la raza humana, sin detenerse a pensar, que la oscuridad que ayudan a crear es el futuro hogar de los que tanto aman. **Luz**

- El silencio te convierte en cómplice, si por miedo decides no hablar o no hacer nada, para detener una injusticia que esta frente a tu cara, eso te hace tan responsable como el que ejecuta la injusticia a otra u otras almas. **Luz**

- Si la luz es conocimiento y la oscuridad es ignorancia, porque cuesta tanto aceptar la luz que vive en las palabras sabias? **Luz**

- No se confundan con mis palabras que tal vez parezcan rudas, no están en contra de la televisión ni de los medios de comunicación honesta, están dirigidas a la corrupción y desinformación masiva. **Luz**

- Hace 500 años era una locura pensar que existirían maquinas que pudieran volar, hoy sigue siendo loco pensar que hay locos, que pueden ver lo invisible antes de que se vuelva visible. **Luz**

- No dudes ni por un instante que la luz es la verdad en cualquier situación de tu vida, elige decir o aceptar siempre la verdad. **Luz**

- Una verdad por dolorosa que sea, siempre será la luz en la oscuridad que tanto deseas. **Luz**

- La injusticia y la maldad solo pueden progresar, en una mente enferma y llena de oscuridad, que cree que solo tiene una existencia y que jamás regresara, a pagar la deuda karmica generada por su ignorancia, falta de amor a sí mismo y a los demás. **Luz**

- Y si solo se vive una vez, como se explica la evidente sabiduría de unas almas y la ignorancia de otras ? **Luz**

- Es imposible que en una mente abierta, quepa la idea de que lograra evolucionar en una sola existencia. **Luz**

- Mientras te niegas a creer, acomodado en tu pequeña realidad, el oponente se fortalece y con él la oscuridad. **Luz**

- Ese miedo a creer que te aleja de la verdad, también te aleja de ese Dios que tanto dices amar, pues al negar lo invisible niegas la creación de Dios en toda su inmensidad. **Luz**

- La incredulidad es solo una estrategia del adversario para sumirnos más en la oscuridad; aunque temas o te resistas a aceptarlo, existen mundos antimateria tan vivos y reales como tú y como yo. **Luz**

- En el silencio vive la luz, acalla tu mente, desconecta tus sentidos de la pequeña percepción de este mundo material, entonces nacerá en ti la posibilidad de encontrar, otras realidades que te despierten y alejen del ruido mental en el que vives por tu propia voluntad. **Luz**

- La gente con miedo es peligrosa, porque por miedo son capaces de hacer cualquier bajeza. **Luz**

- Tú te ganas la luz de tu pareja, hijos, padres, hermanos, familia, amigos y ellos se deben ganar la tuya. **Luz**

- Del otro lado todos somos ángeles. **Los invisibles**

- Quien dijo: **uno nace para morir, para nacer, para morir, para volver a nacer...... el que entienda estas palabras sabio será !** no estaba nada perdido, cuantos sabios entendieron estas palabras ? **Luz**

- Mientras sigas dormido y no te quieras despertar, serás voluntario a ser carne humana para alimentar la oscuridad. **Luz**

- Evidentemente estamos distraídos, no ponemos resistencia a ser carne y alimento para la avaricia y opulencia de almas oscuras que se alimentan de la ignorancia humana. **Luz**

- Cuestionada por un grupo de poetas, la universidad e instituciones que estudian la conducta humana, por negarme a comulgar con la creencia de que somos víctimas de las circunstancias y decirles que somos una raza de valientes, inteligentes, con bravura, llenos de riquezas que luchan por su alma y que de victimas no tenemos nada ! que la teoría de victimas es puro drama. **Luz**

- No creo en la discriminación, desigualdad, intolerancia, violencia y esclavitud humana. Vibro en el amor, la paz, la tolerancia, la convivencia de todos los colores, la reconciliación de las culturas, creencias, gustos y razas; para llegar a un punto de equilibrio y lograr la elevación humana. **Luz**

- Es la actitud con la que te enfrentas a todo lo que te pasa, la que tiene la respuesta a tu sufrimiento y falta de esperanza; vibra alto, eleva tu alma ! e impúlsate para tocar el infinito extiende tus alas, atrévete a volar y a descubrir la inmortalidad de tu alma! **Luz**

- La conciencia, es una escalera que te lleva a otra dimensión y realidad etérea de un universo infinito, de una creación mas allá de la experiencia humana. **Luz**

- Eso ! sigamos hablando de futbol, moda, reinados, películas de narcos, enfermedad y chismes de farándula, continuemos distraídos mientras el adversario avanza y otros se desangran; pero ten en cuenta que colaboraste con la herencia que dejas a tus hijos de un mundo lleno de violencia, maldad y miseria humana. **Luz**

- Cada ser humano tiene un regalo, un espíritu, una luz interna que está en el corazón; pero muchas veces esa luz no se enciende, otras veces se enciende y se apaga y por eso viene el sufrimiento. **Los invisibles**

- Mira las masas que revientan los estadios y conciertos, los llamados seguidores de la vanidad humana, ves a los sabios, científicos y mentes brillantes o a los más inteligentes, revolcándose y empujándose por seguir un negocio muy planeado, que se basa en manipular las más bajas pasiones humanas ? **Luz**

- Eso ! sigamos con los excesos, el desorden, hay que darle gusto al cuerpo, démonos todos contra todos y olvidémonos que tenemos un alma ! cuando vengan a preguntar qué paso con la tarea, con la oportunidad que nos dieron para evolucionar el alma, echémosle la culpa al mundo, al fin y al cabo solo seguimos la fiesta que ya tenían armada, somos inocentes de toda culpa, a nosotros nadie nos dijo nada. **Luz**

- La avaricia y la exagerada vanidad humana nos embrutece y opaca el brillo del alma. **Luz**

- Si los medios masivos de comunicación fueran dirigidos con amor, tendríamos menos cadenas y una sociedad menos enferma. **Luz**

- La pereza es un defecto que si no se corrige a tiempo puede destruir el potencial de una vida. **Luz**

- Siempre que busques un bien común en vez del bien individual, estarás actuando con sabiduría y con la virtud de la generosidad. **Luz**

- La tecnología es un maravilloso recurso para la humanidad, si somos capaces de entender que está al servicio del hombre y no el hombre al servicio de ella. **Luz**

- Nadie está diciendo que no la pases bien, que te diviertas y que te goces esta experiencia humana, pero evita los excesos, la distracción, la bajeza de las pasiones humanas; busca siempre el **equilibrio,** recuerda la misión que tiene tu alma, que es evolucionar, amarnos unos a otros para lograr la elevación humana. **Luz**

- A mí me gusta la rumba, la fiesta, la salsa ! el ritmo, la cadencia, el color, la alta vibración humana; pero todo con medida, disfrutemos la expresión del arte, sin perdernos del camino ni perder la perspectiva, pues al fin y al cabo el equilibrio es la mejor medida. **Luz**

- **Y quien es esa que tanto habla ?**
  Yo soy lo que necesite ser, para ofrecer mi mensaje a todas las almas, a los que quieran escuchar y entender que depende de nosotros mismos la libertad y sanación humana, yo hablo del mundo invisible y de la inmortalidad del alma. **Luz**

- Ama a tu prójimo como a ti mismo, lo repiten una y otra vez, no se peleen, compartan ! pero no queremos escuchar, oídos sordos a palabras sabias, luego nos quejamos preguntando donde esta Dios! porque tanta miseria humana? sin entender que la respuesta ya está dada. **Luz**

- Mensajeros han venido y los matamos dizque porque no entendimos de que hablaban, con todas las excusa que existen en el libro, queremos escondernos por el dolor de asesinar la carne de tan puras almas, nos damos golpes de pecho, arrodillados pedimos perdón y otra oportunidad de salvar el alma, pero la verdad es que seguimos en las mismas, nos lastimamos a sí mismos y flagelamos otras almas, perdidos, confundidos, sin entender que el amor de los unos a los otros es lo que nos salva. **Luz**

- La palabra dada, un contrato de honor que muchos no saben cumplir y ni se imaginan la incidencia que tiene con la evolución humana. **Luz**

- Los invisibles también son parte de tu conciencia, hay invisibles de la luz y hay invisibles de la luz obscura, elige con sabiduría de quien te dejas influenciar. **Luz**

- En tu vida en la Tierra no te acostumbres a nada que no vas a traer a casa, el temor y susto hace que los humanos se aferren a las cosas materiales, sin saber que al elevarse todo se desvanece. **Los invisibles**

- Yo no soy mis amados y admirados Gandhi, la madre Teresa de Calcuta ni el Dalai Lama! que trataron de despertarnos, hablándonos bonito, de la anhelada paz que las almas reclaman.

  Yo soy simplemente, un alma rebelde harta de ver tanta esclavitud humana; pero mi mensaje es el mismo:

  "Ama a tu hermano, busca la paz, la luz, que brille la esperanza"! revélate y renuncia a ser un seguidor de tanta basura y publicidad barata, que colabora cada día mas con la oscuridad humana; lucha por tu alma ! el camino es el amor, la paz, la justicia, el entendimiento de las razas, rompamos las fronteras que no nos detenga nada. **Luz**

* El adversario u oponente, es la fuerza opuesta que te invita a vivir en la oscuridad. **Luz**

* Ten en cuenta que al adversario le conviene que no creas en la reencarnación, pues entre menos creas mas ignoras y desprevenido estas, para él poder avanzar. **Luz**

* Vive en la **miseria** el que se alimenta y goza con el dolor ajeno.

   Es **pobre** el que vive del conflicto y caos de su hermano. **Rico** quien ayuda a su prójimo, le da amor y colabora con que su carga sea menos pesada.

   Millonario es... quien finalmente entendió que el camino es el amor, la justicia y la paz que todos somos hermanos y que debemos comportarnos como tal. **Los invisibles**

- **Un negocio redondo:**

Comida manipulada genéticamente, llena de aditivos y químicos que da como resultado obesidad y enfermedad.

Música y TV con mensajes de enfermedad y además que nos distraen y entre mas distraídos menos pensamos.

Trabajo en exceso, pues hay que generar dinero para gastar más! entonces generamos altos niveles de stress que dan como RESULTADO una sociedad enferma física y mental.

El negocio continua, entra en acción la medicina corrupta y las compañías farmacéuticas vendiéndote la cura de la enfermedad que estuvimos de acuerdo con generar y para rematar, vienen los que venden la salvación de tu alma y un buen plan pre pagado para el funeral.

Cuando fue que dejamos de pensar ? **Luz**

- Si mis palabras te hacen pensar, entonces logre mi objetivo, pues es solo pensando y actuando como lograremos salir de esta gran lio. **Luz**

- Como culpar a tantos productores de comida basura si somos tan responsables como ellos ? compramos voluntariamente basura empacada, la consumimos y se la damos a nuestros hijos. **Luz**

- Solo seguimos modelos de conducta prefabricados con el objetivo de generar más consumidores. **Luz**

- La inteligencia viene de la mente y la sabiduría del alma.
  Inteligencia, educación y sabiduría son 3 conceptos diferentes.
  Puedes encontrar gente educada, inteligente y sabia. También gente educada con poca inteligencia y nada sabía, gente inteligente y educada, gente educada y sabia, o gente iletrada inteligente o iletrada y sabia. **Luz**

- En el momento que subestimas al adversario ya estás perdido. **Luz**

- Si le enseñas a la mujer a amar y respetar a los hombres y a los hombres a amar y respetar a las mujeres, el resultado será un circulo de amor.

  Pero si le enseñas a defenderse el uno del otro el efecto será: la competencia, rivalidad y violencia entre los sexos, se perderá la intención divina de la existencia de los dos, un complemente perfecto que alimenta un circuito de amor. **Luz**

- Pensando que apreciabas mas mi silencio que mis palabras, decidí callar. Entonces descubriste que mis palabras eran, un precioso regalo que ya no recibirías mas. **Luz**

- El individualista que se niega a trabajar en equipo, no ha entendido el principio básico de que la unión hace la fuerza y vive en un mundo de ignorancia creyendo que sabe. **Luz**

- En ocasiones el camino del sufrimiento es el camino del entendimiento. **Luz**

- Los seres humanos están tan acostumbrados a la palabra cáncer y tan atemorizados, que lo atraen, tanta propaganda y tanta atención le dan, que la gente le da energía y la emoción que lo fortalece cada vez mas. **Joel**

- El mundo no está listo para la legalización de la marihuana pues causa enajenación. **Joel**

- Aunque la vida te confronte y te ponga pruebas difíciles por el camino, nunca te olvides de divertirte, deja salir ese niño que vive en ti. **Luz**

- El cáncer al igual que muchas otras enfermedades, es un buen negocio para la medicina corrupta, les conviene que haya más enfermos de cáncer, hay gasto de energía humana y millones de dólares para sostener altos estilos de vida. **Luz**

- Si quieren empezar a combatir el cáncer y tanta enfermedad deben cambiar la expresión, en vez de decir investigación en contra del cáncer o de la enfermedad que sea, cambiarlo por: **"INVESTIGACION PARA LA SALUD Y EL BIENESTAR".** hay que dejar de alimentar la energía de la enfermedad. **Joel**

- Hay que rezar con amor por quien nos lastima, para que pueda salir de su ignorancia y se apiaden de su alma, pues quien hiere a otro vive en un pozo de oscuridad con cadenas que lo atan y condenan su alma. **Luz**

- Si sientes que estas rodeado de gente negativa y llena de dolor, pregúntate a ti mismo que estás haciendo o dejando de hacer para que atraigas esta vibración a tu vida. **Luz**

- Las buenas intenciones son necesarias pero no suficientes para hacer obras positivas, el conocimiento de cómo hacer lo que quieres hacer juega un papel vital para lograr las buenas obras en la vida. **Luz**

- El sacrificio dura hasta cuando el entendimiento llega, una vez entiendes dejas de sacrificarte y haces las cosas por amor. **Luz**

- Somos desobligados y desentendidos y por más que nos muestran el camino nos negamos a seguirlo.
  Luego vienen las heridas, que nos hacen recordar cuál es el camino y si somos listos lo seguimos. **Luz**

- Cuando nos perdemos del camino nuestras creaciones de dolor nos ayudan a encontrarlo. **Luz**

- Nos matamos trabajando en el mundo material, dejando en el olvido el mundo espiritual, ignorando que si trabajamos en el mundo espiritual, por consecuencia se resuelve el mundo material. **Luz**

- Lo que llaman bendiciones o maldiciones, son simplemente el resultado de nuestras elecciones y acciones. **Luz**

- No reniego de nada, cada experiencia por la que he pasado nutre y fortalece mi alma. **Luz**

- Nos engolosinamos con un poquito de felicidad, hasta el punto de olvidarnos a que fue que nos mandaron acá. **Luz**

- Hay destellos de luz en los libros sagrados de todas las religiones y estos se apagan cuando llegan los intereses terciarios y las interpretaciones, para dar paso a las manipulaciones. **Luz**

- El complejo del indio que cree que el hombre blanco es superior, mas el complejo del blanco que se cree superior, hacen la combinación perfecta para que los dos vivan en la ignorancia y por lo tanto en la oscuridad, sin saber que son perfectamente lindos e inteligentes en su propia originalidad e individualidad. **Luz**

- La paciencia y la constancia es de almas grandes. **Los invisibles**

- Libérate de tus propias auto- restricciones, ya que solo depende de ti soltar las ataduras que tú te has impuesto. **Luz**

- Para ser honesto se necesita tener valentía, pues vivimos en un mundo con presión social, donde se castiga al que se atreve a ser diferente o expresar su sentir. **Luz**

- La verdad, es la verdad. Tu verdad, es la interpretación de la verdad. **Luz**

- Quien tiene miedo de ser, también tiene miedo de dejar ser. **Luz**

- Hay almas necias, confundidas, enojadas, tristes, perdidas, apegadas, asustadas... pero por encima de todo, hay luz para las que estén dispuestas a salir de la oscuridad. **Luz**

- Empieza por creer para que le des paso al saber. **Luz**

- Los medios de comunicación masiva tienen un compromiso con la humanidad, pues tienen el poder de influenciar.
  Los invito a asumir esa responsabilidad, dando mensajes positivos que contribuyan a restablecer valores, de cuidar el planeta y desarrollar virtudes que nos unan mas. **Luz**

- A partir de tu transformación interior transformas tu mundo exterior. **Luz**

- Si la religión y la política son ya de por si peligrosas por separado, se imaginan en lo que se convierten cuando se unen? la historia lo ha probado, este par hacen una fuerza letal de odio, discriminación, corrupción, disgregación, sometimiento, abuso, injusticia, etc. "Que Dios y el gobierno celestial nos proteja de esta alianza"! **Luz**

- Mientras los medios de comunicación sigan ensalzando y poniendo en posiciones celebres a los que lastiman la humanidad y sigan publicando como personas todo poderosas e inmunes a la ley a los narcotraficantes y asesinos, como lo quieren hacer percibir y presentar, habrán quienes los sigan y quieran convertirse en uno de ellos. **Joel**

- Hay carencia de valores y sometimiento de unos a otros en la humanidad. Nada tiene de poderoso el que somete con dolor, nada tiene de exitoso el que obtiene un status por sometimiento, de eso es de lo que deberían hablar los medios de comunicación. **Joel**

- Mientras haya el deseo de que yo soy mejor que tu continuara la codicia. **Joel**

- Los valores en la humanidad están tan minimizados y empequeñecidos, que todo es válido con tal de mantener el status social. **Joel**

- Somos polvo de estrellas, estamos por un tiempo aquí, luego volvemos allá, pasamos un tiempo en casa, para volver a regresar. **Luz**

- No se olviden de poner en mi tumba "volveré"! pues solo voy al otro lado a entregar la tarea, descansar un rato, recibir instrucción, para volver y continuar mi camino. **Luz**

- Por amor vinimos, por desamor nos esclavizamos y enfermamos y por amor nos liberamos y sanamos. **Luz**

- El verdadero científico no solamente es un ser estudioso sino espiritualmente elevado, pues en su interior sabe que el espíritu es ciencia. **Luz**

- El que solamente cree en lo que ve, vive en un mundo limitado. **Luz**

- No se trata de sentirte culpable sino de sentirte responsable, para así corregir lo que tengas que corregir y seguir adelante. **Luz**

- Podemos ser ignorantes porque el conocimiento no ha llegado a nosotros, o porque ya llego y decidimos ignorarlo pues le tememos a la verdad. **Luz**

- Si quieres puedes y si no quieres, aunque puedas no puedes. **Los invisibles**

- Alerta, Alerta ! nuevo e ingenioso tratamiento para el cáncer, antes de que le de cáncer, hágase un estudio genético y luego córtese las partes del cuerpo que tienen probabilidad de enfermar, con esto se asegurara que usted nunca tendrá cáncer. **Luz**

- Cuantas barbaridades se cometen en nombre de la primitiva ciencia humana; ahora resulta que el tratamiento a la enfermedad que aun no existe, es mutilar la parte que según sus cálculos podría enfermar. **Luz**

- Es una gran idea hacerle publicidad a la mutilación del cuerpo por evitar una enfermedad, muy positivo en realidad ! no solamente positivo, sino substancioso para la industria del cáncer y la enfermedad, pues entre mas tengas miedo mas enfermedad crearas y un buen consumidor serás, nunca olvides que **"creer es crear"! Luz**

- Un mundo lleno de gente sana no es un buen negocio. **Luz**

- Mutilar tu cuerpo para prevenir una enfermedad es olvidar que creer es crear. Somos energía creadora, si crees estar enfermo enfermaras, si crees estar sano sanaras. **Luz**

- Quien es el valiente ? el que con fe camina por la vida listo a enfrentar lo que tenga que enfrentar, o el que por miedo a una enfermedad se mutila queriendo evitar enfrentar una batalla que tal vez nunca tenía que enfrentar. **Luz**

- Tienes todo el derecho sobre tu cuerpo y decidir mutilar tu cuerpo por "evitar" una enfermedad, pero por favor hazlo en privado y en silencio no contamines al mundo con tu miedo. **Luz**

- Mis amados científicos terrícolas, por favor recuerden que la energía no se crea ni se destruye, se transforma y el ADN del cuerpo humano es energía, la mutilación no es el camino para detener una enfermedad, la respuesta a la cura de todas las enfermedades está en la energía. **Luz**

- Resistirte a aceptar los eventos de la vida es una buena fuente de dolor, deja fluir la energía y que la vida siga su curso, con la certeza de que de todo se aprende. **Luz**

- Mientras sigas pensando que debes cambiar a otro para ser feliz, seguirás perpetuando tu infelicidad, pues debes recordar que solo tú te puedes cambiar a ti mismo. **Luz**

- Por el amor que le tengo a mis hijos les exijo y les enseño la importancia de la disciplina, pues si alguna vez deciden limitarse no podrán decir que les enseñe a limitarse, por el contario con certeza dirán los limites los pongo yo. **Luz**

- Yo sé hasta donde Dios me permita saber, pero también puedo elegir saber hasta dónde mis limitaciones autoimpuestas lo permitan. **Luz**

- Algunos eligen la soledad estando acompañados, pues la soledad no es la ausencia de otro, sino el sentimiento profundo de no querer estar acompañado. **Luz**

- Si quieres todo a tu manera, prepárate para vivir en soledad a tu manera; pues hay que compartir, aprender los unos de los otros, aportar y recibir si se quiere la compañía de otro. **Luz**

- El talento especial de los humanos para corromper el conocimiento usándolo para intereses egoístas, da como resultado manipulación, explotación, esclavitud, destrucción de nuestro hogar y por lo tanto autodestrucción. **Luz**

- Tu manera no es la única manera, es la chispa de luz tuya y la de otros lo que mantiene el circuito perfecto en movimiento. **Luz**

- Hay unos que necesitan ver para creer; otros que al creer ven, algunos sin ver ya creen, muchos no quieren ver y entonces como van a creer? y otros que ni viendo creen. **Luz**

- Maestros aunque la presión de esta dimensión es fuerte, no duden ni por un instante que exigir lo mejor al alumno, es el camino a la excelencia y a la sabiduría. **Luz**

- Mi hermano, mi amigo, mi compañero; aunque vivimos en este mismo siglo no nos toco reencontrarnos de nuevo y otra vez te fuiste primero, pero me he reencontrado con tu hijo y mantengo la promesa de cuidarlo si es necesario por la eternidad.

  Pido con la luz y la perfección del universo que me reencuentre contigo para seguir trabajando juntos y colaborar con unir los pedazos de luz que aparentemente se han perdido en el universo, he aprendido a ser más prudente... bueno, eso creo, aun sigo en búsqueda de trozos de verdad y todavía me gusta el pan con mantequilla pues no solo me alimenta, sino que me calma los nervios. **Luz**

- Cada vez que actúas con dolor multiplicas el dolor, al igual que multiplicas el amor cuando actúas con amor.

  Si te han lastimado réstale emoción y disminuirás la reacción, divide responsabilidades y a ese resultado súmale una dosis de comprensión, eleva al cuadrado el aprendizaje y la evolución, sigue caminando por el mundo con los ojos bien abiertos y el corazón lleno de amor. **Luz**

- Aunque vivimos en un mundo en decadencia donde la involución cada vez se observa más en la conducta humana, les recuerdo a los opuestos de forma imperativa que todo viene de la luz y a la luz debe volver.

  Tal vez sea parte del plan llegar a un punto donde se encuentre el retorno para que encontremos la luz que vive en la oscuridad. **Luz**

- Que entiendas el juego de la vida no significa que dejes de jugarlo, por el contrario te hace un mejor jugador. **Luz**

- En el esclavo que sabe que es esclavo por lo menos puede nacer la idea de liberarse; pero el esclavo que no sabe que es esclavo, ni siquiera piensa en liberarse, esa posibilidad no existe. **Luz**

- Se la luz en la oscuridad, pues solo con un corazón iluminado se podrá ayudar a iluminar el corazón de la humanidad. **Luz**

- Entre más educado seas mas difícil de engañar y lastimar serás. **Luz**

- El mundo está enfermo de desamor, mira tú dolor, el dolor de tu hermano, las naciones en guerra y te darás cuenta que la causa es el desamor de los unos a los otros. **Luz**

- Si mantienes tu luz bien encendida por atracción se aumenta la probabilidad de encender la luz de otros. **Luz**

- Es mas difícil gobernarse a sí mismo, que gobernar naciones o dominar un pueblo. **Los invisibles**

- No será acaso el ADHD, ADD, y otros llamados trastornos de aprendizaje, simplemente la clara evidencia de que están llegando almas más avanzadas que no encajan en el disfuncional sistema educativo que tenemos ? **Luz**

- El corazón humano es el único órgano que conservas en todas tus reencarnaciones, siempre te traes el mismo corazón, cuando se hacen trasplantes de corazón se llevan la energía de dolor, las emociones y sentimientos del dueño original de ese corazón. **Joel**

- Todos los días hay una lucha visible e invisible entre dos fuerzas, la fuerza de la luz y la fuerza de la luz del mal.

  Muy inocente el que no crea esto, por miedo algunos deciden ignorarlo y bastante sabio el que sea capaz de reconocer esta verdad. **Luz**

EL MENSAJE DE LA MONTAÑA

Hoy, has presenciado el nacimiento de una montaña y ella tiene un mensaje para ti...

No están solos, nosotras también los acompañamos, cuando estés en una montaña conecta tu respiración con la montaña y entonces adquirirás la sabiduría de esa montaña.

Si subes una montaña y te conectas a su respiración, no te cansaras al subirla.

Yo no solo respiro... también siento, me muevo, me enojo, me entristezco, me siento feliz y me alimento.

Me enoja la injusticia, el desamor y el desprecio, que no cuiden vuestro hogar.

Me hacen feliz las mañanas, el amanecer, el sol que da la vida, pues el sol me alimenta y alcanzo la sabiduría de Dios cuando sale cada día.

Me pone triste lo mismo que me enoja y no sé que les hace feliz o enoja a las otras montañas.

Miren las montañas, reconozcan el ser que hay en ellas y conéctense a ellas, salúdenlas ! pues si miras las montañas aprenderás a ser el amor universal, pues de esta forma te abres al amor y no olviden agradecer la vida cada día. **La montaña**

- Querido lector, ya con esta me despido no sin antes recalcar, que mi objetivo es ayudarte a despertar. Tal vez algunas de mis palabras suenen duras, te incomoden pero espero te hagan pensar, no te preocupes hermano nadie dijo que te tenían que gustar, el que se echa a perecer se lo lleva la corriente y lo obliga a reaccionar una realidad dolorosa que colaboro con crear.

Echa mano de tu fuerza, tu belleza interna, atrévete a brillar, se la luz en la oscuridad ! nunca te canses de luchar por volver a casa, a la luz, la que nunca debimos de dejar. **Luz**

Amor y Luz

Mary Luz

PS. Si quieres saber quién es Joel y los invisibles lee mi segundo libro **CREE.**